U0520124

译文经典

土星照命
Under the Sign of Saturn

Susan Sontag

〔美〕苏珊·桑塔格 著

姚君伟 译

上海译文出版社

译者卷首语

美国当代作家苏珊·桑塔格（Susan Sontag，一九三三——二〇〇四）在美国纽约去世后，国际上纷纷发表文字，纪念这位杰出的公众人物。盖棺定论，有不少或大或小的标签贴在她身上。她被誉为"当今最智慧的女人"、"美国公众的良心"、"当今美国极为活跃的才女学者、评论家、作家"，如此等等，不一而足。这些标签在我看来，多少显得有些空泛，但是，它们均提及桑塔格的智慧。不久前，一位友人文章开头提及的一次访谈更是引起了我的注意：

> 美籍俄裔诗人约瑟夫·布罗茨基的诗集附有一篇访谈录，采访者是《巴黎评论》。
> 问：你最称颂哪些人物？我们已经谈过几位过世的人物。那么依然健在的人物呢？哪些人的存在于你极其重要？
> 布：……作为作家，我个人相当推崇的人物，苏珊·桑塔格便是其中的一位。她在大西洋两侧是最具智

慧的人物，别人论点的终点恰恰是她的起点。我在现代文学中找不到可与她同日而语的精神音乐。①

布罗茨基曾被桑塔格视为一位世界诗人，他一九七二年移居美国，是一九八七年度诺贝尔文学奖得主，一九九一年又成为美国的桂冠诗人。桑塔格和他是朋友，他去世后，桑塔格曾写了《约瑟夫·布罗茨基》的文章，以为纪念。而在上述访谈中，我们不难看出桑塔格在布罗茨基心目中的崇高地位，他所作出的是一种对桑塔格有亲切了解后的评价，是对她的智慧所作的一种特别的肯定。

桑塔格的《土星照命》（*Under the Sign of Saturn*，一九八〇）正是献给约瑟夫·布罗茨基的。

在翻译桑塔格的《土星照命》的整个过程中，我面前始终摆着一张和桑塔格的合影。照片上的桑塔格挽着我，站在她纽约寓所一间满壁是书的书房的木梯子前，浅浅地笑着；她长发披肩，虽已年届古稀，却精神矍铄，看上去是那么智慧，那么自信。我相信，见过桑塔格的人，或者看过她的照片的人，无一例外地会对她那双炯炯有神、充满智慧的眼睛留下深刻的印象。智慧是桑塔格其人其作的显著标志，激情又始终与其智慧相伴。这是我译完她的长篇小说《恩主》

---

① 朱朱《文本之内：苏珊·桑塔格》，《三联生活周刊》二〇〇五年第二期。

(*The Benefactor*，一九六三)和批评文集《土星照命》以后产生的认识。

说起来，桑塔格本人很喜欢虚构文学。她有着良好的艺术禀赋，从小就做作家梦，七岁动笔写作。虽然她也想成为一名医生，还想过当一名化学家或物理学家，但是，最终让她不能自拔的还是文学，因为她真正想要的是将每一种生活都过一遍，而一个作家的生活在她看来似乎包含了最多的生活，所以，她最最希望的是成为一个作家。当然，需要说明的是，桑塔格眼里的作家不仅指创作虚构作品的人，而且指写作非虚构作品的人，一如日后她本人那样。从这样的意义上讲，桑塔格作为小说家和文论家而写作的文字，均是其作为作家的创作成就的有机组成部分。

桑塔格出版的处女作是小说，即《恩主》，但是，使她立名于国际文坛的恐怕主要不是她的小说，而更多的是她那目光敏锐、文笔犀利、见解独到的批评文字，如她的批评随笔《反对阐释》、《关于"坎普"的札记》、《灾难的想象》（对科幻片的解析），以及她的论著《论摄影》（*On Photography*，一九七七）和《作为隐喻的疾病》（*Illness as Metaphor*，一九七八）等，这是桑塔格留给美国文化的主要遗产。

出版了《反对阐释》后，桑塔格又于一九六九年推出第二部批评文集《激进意志的样式》（*Styles of Radical*

Will），收录《归于沉寂的美学》、《色情想象力》、《"自我反对的思考"：论乔兰》、《河内之行》等八篇深具影响力的论文，进一步巩固了自己作为文论家的卓著地位。

到了一九八〇年，桑塔格又推出了她的第三部批评文集《土星照命》。该文集收录桑塔格一九七二年至一九八〇年间发表的最重要的批评文字，凡七篇。桑塔格的这些文章曾先后发表于美国知识界重要的政治和文化杂志《纽约书评》（*The New York Review of Books*）和《纽约客》（*The New Yorker*）。最早的一篇《论保罗·古德曼》（"On Paul Goodman"）和最后一篇《作为激情的思想》（"Mind as Passion"）分别于一九七二年和一九八〇年发表在《纽约书评》上。文章的写作和发表的时间跨度不大，意义却不小，因为桑塔格在这里为我们讲述着我们时代一些最有影响力的思想家和艺术家的故事；又因为桑塔格在为我们讲述这些故事的时候，也为我们讲述了她本人的故事，展示在读者面前的因此成为"一幅经过掩饰的自画像"。

我曾说过，桑塔格的理论写作和她的小说创作是带有互文性的，她的小说创作明显地受到其哲学思想和文学理念的影响。桑塔格受到过严格的哲学训练，尽管她一再声辩，她创作小说没有任何先行的概念，写小说从来就不是为了图解她作为理论家的思想，但不可否认的是，她的小说与理论之间的互相影响是客观存在的。不过，我同样希望说明的是，除开《我,及其他》(I, etcetera,一九七八)之外,桑塔格在《恩主》等小说中,是力避自传性的。在《恩主》中文版序中,她开门见山地写道:"大多数小说家创作伊始,总是以自身的经历为题材,希望讲述的是他们童年时代、他们的父母亲或学生时代的故事;也有可能,他们要写写自己年轻时的军旅生活,或者年轻时做的荒唐风流韵事儿,要不就是过早走进的糊涂婚姻。而我当时提起笔来,却发现自己几乎没有写自己的冲动。"我们读完《恩主》,会产生这样的认识,即这部小说描写的是主人公在自我感知过程中所感到的苦闷与困惑,我们认为它不带自传性,是具有说服力的。

然而,此一时彼一时,到了写作《土星照命》里的文章的时候,桑塔格明显地将自己投射到她笔下刻画的人物身上。在一系列肖像画中,我们看到了桑塔格接受的这些精神导师给予她的深刻影响,桑塔格写他们,也写自己,别传成了自传。"为别人做传记也是自我表现的一种;不妨加入自己的主见,借别人为题目来发挥自己。" 钱钟书先生这句名言饱含讽刺调侃的意味,而我这里的引用是一种正面的评价。《土星照命》不妨视作一部"合传"。

《论保罗·古德曼》和《纪念巴特》篇幅短小,意义却不容忽略。我们知道,在名著《伊甸园之门——六十年代美国文化》里,作者莫里斯·迪克斯坦曾将桑塔格和欧文·豪视为美国"现有的目光最敏锐的文论家",然而实际上,桑塔格是很不美国的文化批评家,而更像欧洲知识分子,她的目光更多地是投向了欧洲哲学家、思想家和文学家,因为她的教育背景是美国的,但更是欧洲的。她在芝加哥大学、哈佛大学完成学业后,立即负笈欧洲,浸润于欧洲文化传统之中,深受当时欧陆的哲学思想和文艺思潮的影响。她在欧美文化之间牵线搭桥,不辞辛劳地将欧洲哲学家、文论家(如本雅明和巴特)介绍给美国文化界。从这个意义上讲,《论保罗·古德曼》在桑塔格的著述中,占据了一个很特别的地位,因为这是她少数几篇论及美国作家的评论文章之一。

《论保罗·古德曼》是当时旅居巴黎的桑塔格撰写的悼念古德曼的悼文。古德曼长于诗歌、小说、戏剧以及各类非虚构作品的创作,他的著作对二十世纪六十年代美国反文化产生过巨大的影响,特别是《荒唐的成长》(*Growing Up Absurd*)。该书运用现代社会学、心理学和美学的方式,直接剖析了艾森豪威尔时代的美国和美国青年,被视为一部推理性很强的乌托邦作品。他晚年成为青年人和不满现实的美国人狂热崇拜的作家。然而,桑塔格指出,这样的作家也注定要遭到嫉恨,因为他们擅长各种文类,发表各种在行的言论。桑塔格推崇古德曼宽广的道德视野,钦佩他在性趋向上的坦诚;当然,她也抱怨古德曼每次给她的冷遇。即便如此,古德曼仍旧是她心目中的英雄。她为他打抱不平,提请人们重视他的价值;得知古德曼去世的噩耗,念及他对她本人、对二十世纪六十年代美国文化的深刻影响,想到他的去世是美国文坛的一大损失,桑塔格不禁黯然神伤。

《论保罗·古德曼》之重要性,不仅在于该文对于我们重估古德曼的意义具有导引的作用,而且在于它让我们更多地看到了桑塔格本人当时的心境和情形,同时,还在于它能够帮助我们读者初步把握《土星照命》的主旨。

在一九八一年春的一次访谈中,桑塔格告诉记者,一九六二年,她开始写小说,六八年去了越南,战争让她难以坐下来继续创作小说,一九六九年,她决定拍电影。那几年,她基本上不是作家,而成了电影导演和政治活动家。所以,到了一九七二年,她心里产生了危机感。她想,我在哪儿?我在干什么?我干了些什么?我似乎再也不是作家,而我最想成为的就是作家。在这种情形下,她呆在巴黎的斗室里思考,并又开始了批评随笔的写作。一九七五年,她罹患癌症,又一次陷入危机。《土星照命》的推出,表明这些危机的结束。"现在,我已经还清了这种极欲还清的债务。在我,这是一大解放。"①

从这里的访谈中,不难理解桑塔格在《论保罗·古德曼》中的自我表达。她足不出户,把自己一个人关在小房间里,里面没有什么书籍,"我就希望轻装上阵,摆脱世事的

---

① Leland Poague, *Conversations with Susan Sontag*, Jackson: University Press of Mississippi, 1995, p. 175.

羁绊，尽量不依赖什么而整个地重新开始"。在禁书的斗室里，桑塔格希望"尽力倾听自己的声音，发现自己真实的思考和感受"。这种半与世隔绝和自我拷问在相当程度上便是忧郁症的症状，而《土星照命》的文章希望集中讨论的正是艺术家特有的气质对作品的决定性作用，而这里的作家和艺术家大多表现出土星气质，也即具有沉郁愁闷的特征。因此，开篇《论保罗·古德曼》便具有了统领整部集子的功能。

《论保罗·古德曼》在整个集子的文章中，算是桑塔格写得最快捷、最容易的，她仅用了一个上午就写完了，"悲痛使我迅速，一般我是写得极慢的"。我相信，《纪念巴特》也写得同样迅速。

巴特是法国文论家、批评家，桑塔格的朋友。作为朋友，桑塔格对巴特的去世深感悲痛，于是，写下《纪念巴特》。与《论保罗·古德曼》一样，这也是桑塔格写过的非常个人、极具传记特征的文章，其出色之处也许不在于她为读者阐释巴特的作品（要了解桑塔格对巴特作品的阐释，不妨阅读她为《写作的零度》 [*Writing Degree Zero*，一九六八] 和《巴特读本》 [*A Barthes Reader*，一九八二] 撰写的导语，以及《写作本身：论罗兰·巴特》 ["Writing Itself: On Roland Barthes"，一九八二] ），而在于为我们勾勒出一个"孩子般的"男人，"胖胖的身体，柔和的声音，漂亮的皮肤"。桑塔格最后也将巴特及其著作置于土星的照临下，即道出其愁闷沉郁的特征。

说到土星的照临，我们自然要涉及桑塔格这本文集的标题之作及其传主本雅明。这篇文章是桑塔格为本雅明的《单行道》英文本所作的导言。文章包含了许多关于本雅明的生平事迹，但头四段桑塔格和我们读者一起审视的是本雅明不同时期的几张照片，尤其是将他年轻时的一张照片（"透过眼镜向下看——一个近视者温柔的、白日梦者般的那种凝视"）和他上了年纪的形象相对比（"神情迷离，若有所思；他可能在思考，可能在聆听"）。通过照片来审视人物并分析其思想特征，这在我们可能还不大习惯，但桑塔格争辩的是"我们不能通过生活来阐释作品，但是我们可以通过作品来阐释生活"。

桑塔格向来排斥心理分析，而代之以星相来刻画人物。她笔下的本雅明出生的时候，土星照临，他是一个忧郁的人，一个忧郁症患者。他童年时代就是个天才，希望"高人一等"。他把自己看作一个文本，一项工程——始终处于建构之中的工程；他无情地抛弃朋友，不知羞耻地献媚，对人不忠实，他作为一个"收藏家"，感觉灵敏。渴望收藏是其意志的一种表征，他因此成为桑塔格心目中的"意志的英雄"。与桑塔格的一致之处还在于，桑塔格"反对阐释"，本雅明也同样如此。桑塔格在文章中没有明讲，但是，可以看出，她一再表露出自己与本雅明之间所存在的相似之处，就此间接地对偶像的魅力作了评论。无怪乎，桑塔格的传记作者会得出结论，认为"关于本雅明的所有评价差不多都可以理解成桑塔格的自画像——包括她所说的他的句子读起来既像开头又像结尾"。[①]应该说，正因为桑塔格与她笔下的这些人物（当然包括本雅明）有着许多契合之处，她对他们从气质到作品又是如此地了解，她的评述和分析才有可能如现在这样体贴入微，丝丝入扣。

在文集里，桑塔格还为我们刻画了卡内蒂和阿尔托这两位孤独者的形象。《作为激情的思想》讨论卡内蒂的宗教性和对残忍的憎恨。《走近阿尔托》则是桑塔格为自己编辑的《安托南·阿尔托文集》（*Selected Writings of Antonin Artaud*，一九七六）所写的充满激情的长篇导言，最早发表于《纽约客》（一九七三年五月十九日）。在文章中，桑塔格分析他的问题，他对待自己的精神的方式，他与超现实主义者的分歧以及他所倡导和实验的"残酷戏剧"，她认为"阿尔托的全部著作讲述的都是拯救的故事，戏剧是他思考得最为深刻的拯救灵魂的途径"。在桑塔格看来，阿尔托是一个文化企图同化他却根本消化不了他的作家，"他依旧遥不可及，依旧是一种无法同化的声音和存在"。

[①] Carl Rollyson & Lisa Paddock, *Susan Sontag: The Making of an Icon*, New York: W. W. Norton & Company, 2000, p. 215.

桑塔格还在文集中对希特勒的御用电影导演莱妮·里芬斯塔尔进行了重新评价。在收入《反对阐释》的《论风格》一文里，桑塔格对里芬斯塔尔的《意志的胜利》和《奥林匹亚》的美学形式作了肯定性评价，而在《迷人的法西斯主义》里，桑塔格对这两部影片的内容，以及对里芬斯塔尔的摄影集《最后的努巴人》中所竭力表现的法西斯主义主题作了毫不容情的抨击。因此，在许多访谈中，不时有记者问起，两相比照，其中是否存在自相矛盾之处。桑塔格的回答是否定的。其实，桑塔格在《论风格》中早就说过，"将莱妮·里芬斯塔尔拍的《意志的胜利》和《奥林匹亚》称为杰作，这绝非要以美学的宽容来掩盖纳粹宣传。纳粹宣传的确存在，但除此以外，还有别的一些东西，如果我们加以排斥，就是我们的损失"。[1]

因此，应该说，桑塔格并没有完全否定里芬斯塔尔，只不过，她分析的着重点发生了变化，因为分析的语境发生了变化。二〇〇五年一月二十七日，是奥斯威辛集中营解放六十周年纪念日。虽已过去整整一个甲子，但历史恍若昨日。世人在思考奥斯威辛悲剧何以发生，也在追问奥斯威辛之后种族屠杀何以还在继续。我敢肯定，假使桑塔格在世，她要探讨的恐怕更多的也仍旧是那些以希特勒为题材的影片的思

---

[1] Susan Sontag, *Against Interpretation and Other Essays*, New York: Picador USA, 2001, p. 25.

想倾向而非什么美学特征。

　　《土星照命》是桑塔格一部重要的批评文集。在这里，桑塔格怀念古德曼，谈论阿尔托的"残酷戏剧"，分析卡内蒂的宗教性，论述巴特的审美意识，品味本雅明的惆怅诗意，纵论里芬斯塔尔和西贝尔贝格的电影。文集出版后，虽然时有批评之声传来，但更多的是肯定和赞赏，有人甚至认为它可与塞缪尔·约翰逊的《英国诗人传》(*The Lives of the English Poets*，一七七九——一七八一)这部巨著相媲美。与《反对阐释》、《疾病的隐喻》、《重点所在》等一样，《土星照命》也一以贯之地体现出桑塔格那独立思考的精神，在这里，桑塔格让我们看到了思想的重要和智慧的力量。

献给约瑟夫·布罗茨基

致 谢

本论集中有六篇文章曾略作改动或删节,先后发表在《纽约书评》杂志。它们是《论保罗·古德曼》(第十九卷第四期,一九七二年九月二十一日),《迷人的法西斯主义》(第二十二卷第一期,一九七五年二月六日),《土星照命》(第二十五卷第十五期,一九七八年十月十二日),《西贝尔贝格的希特勒》(第二十七卷第二期,一九八〇年二月二十一日),《纪念巴特》(第二十七卷第八期,一九八〇年五月十五日),《作为激情的思想》(第二十七卷第十四期,一九八〇年九月二十五日)。《走近阿尔托》则是由我本人编辑、由弗雷·斯特劳斯·吉劳书店出版的《安托南·阿尔托文集》(一九七六)的序言,曾先行发表于《纽约客》杂志(一九七三年五月十九日)。

与往常一样,感谢罗伯特·西尔弗斯给予我的鼓励和建议;同时,感谢沙伦·德拉诺慷慨相助,促成论集中几篇文章及时定稿。

苏珊·桑塔格

目 录

论保罗·古德曼 ………………… 001
走近阿尔托 …………………… 012
迷人的法西斯主义 …………… 080
土星照命 ……………………… 118
西贝尔贝格的希特勒 ………… 147
纪念巴特 ……………………… 182
作为激情的思想 ……………… 192

译后记 ………………………… 219
修订附记 ……………………… 223

哈姆: 我爱那一个个老问题。
（狂热地爱。）
啊，那一个个老问题，一个个老答案，
没什么能与之相比！

《终局》①

---

① 《终局》(*Endgame*,一九五七)是荒诞派作家塞缪尔·贝克特继《等待戈多》之后创作的又一部重要剧本,其宗旨同样在于"揭示人类在一个荒谬的宇宙中的尴尬处境"。哈姆是剧中四个人物之一。——译者

论保罗·古德曼

此刻，我身处巴黎的一间斗室，写这篇文章。我坐在临窗打字桌前的柳条椅里，窗外是花园；我背后是小床和床头柜；地板上、桌底下全是手稿、笔记本，还有两三本平装本书。在这么个逼仄、空荡荡的住处，我已经生活、工作一年有余。这一开始可不是计划好的，也未细加考虑，却无疑满足了我的一些愿望，我就希望轻装上阵，摆脱世事的羁绊，尽量不依赖什么而整个地重新开始。我现在生活其中的巴黎，与今天的巴黎其实几乎是不相干的，正如今天的巴黎与曾经是十九世纪之都、一直到二十世纪六十年代后期都是艺术和思想发源地的大巴黎几乎不相干一样。在这里，美国在所有遥远的地方中离我算是最近了。即使有时我足不出户——在过去的几个月里，除了上床睡觉，我根本就不想离开打字机，就这样度过了许多舒心的日日夜夜——每天早上，都有人给我送来巴黎《先驱论坛报》（*Herald Tribune*）。报纸上充斥着美国"新闻"大杂烩，这些新闻有的是综述性的，有的是歪曲的，也有的因为与美国隔着一段距离看起来显得从未有过的陌生,它们包括 B-52 重型轰炸机①在越南的狂轰滥炸,造成托马斯·伊格尔顿②殉难的令人讨厌的境况,博比·费希尔③的妄想症,伍迪·艾伦④挡不住的人气飙升,亚瑟·布雷默尔⑤的日记摘抄,以及上星期,保罗·古德曼(Paul Goodman)的去世。

✓ ✓ ✓

我发现自己只能连名带姓地称呼他,而无法只喊他的名。当然,我们以前不管什么时候碰面,我总是喊他"保罗",他总是叫我"苏珊",但是,在我脑子里,以及在我与别人提起他的时候,他从来都不是"保罗",也不是"古德曼",而总是连名带姓"保罗·古德曼",同时也带着全名所包含的情感上的全部距离感以及熟悉程度。

保罗·古德曼的去世让人感到悲痛,但我感到更悲痛,因为我们尽管共同生活在几个相同的圈子里,却不是朋友。我们初次见面是十八年以前的事情了。当时,我年方廿一,

---

① B-52 重型轰炸机,美国远程重型轰炸机,越南战争中大量用于常规轰炸。——译者
② Eagleton, Thomas(一九二九——二〇〇七),一九六八至一九八七年担任美国参议员。——译者
③ Fischer, Bobby(一九四三——二〇〇八),第十一届世界锦标赛国际象棋冠军。——译者
④ Allen, Woody(一九三五——),美国电影编剧、导演、演员。——译者
⑤ Bremer, Arthur(一九五〇——),一九七二年五月十五日开枪射击美国民主党总统候选人乔治·华莱士,致使后者终生瘫痪。被判入狱六十三年。——译者

是哈佛研究生，正憧憬着到纽约生活的未来。有个周末，我认识的一个人，也是他的朋友，带我去了纽约市第二十三街的顶层公寓，保罗·古德曼夫妇在庆祝他的生日。他喝得醉醺醺的，对所有在场的人狂吹他有过的艳遇，他刚刚和我聊了一会儿，就来荤段子了，尽管只是点到为止。我们第二次见面是四年后在河滨大道的一次聚会上。这次，他似乎比上次有自制力，却是同样的冷冰冰，同样的自我陶醉。

一九五九年，我搬到纽约，此后一直到六十年代末，我和他常常照面，不过，都是在公开场合，比如共同的朋友举办的聚会上，在专题小组讨论会和越南问题学术研讨会上，要不就是在游行示威的路上。每次见面，我一般都很腼腆，想和他搭话，希望能告诉他，不管是直接地，抑或是间接地，他的书对我有多么重要，我从他那里学到了多少东西。可每次，他都冷落我，于是，我退却了。我们共同的朋友对我说，他并非真的喜欢将女性当人看——当然，有些特别的女人是例外。我起初一直排斥这种说法（在我看来太俗了），但最后改变了立场。毕竟，我在他的著作里感觉到了这一点。比如，《荒唐的成长》的主要瑕疵是，他虽然声称要研究美国青年问题，但这本书谈起青年来，就好像青年只是由男性组成的，仅此而已。于是，再见面的时候，我的态度便不再那么坦率。

去年，我们另一位名叫伊凡·伊利奇①的朋友邀请我乘保罗·古德曼在库埃纳瓦卡②主持专题讨论会的时候也去那儿。我告诉伊凡，我倒宁可等保罗·古德曼离开之后再去。伊凡从我们的多次聚谈中知道我是多么地推崇保罗·古德曼的著述。是的，每次一想到他还在美国活着，活得很健康，而且仍笔耕不辍，我就感到莫大的欣慰。然而，每当我发现自己与他共处一室，却感觉到无法和他有哪怕是一丁点儿的接触的时候，这种欣慰旋即化为一种折磨。从字面意义上讲，我和保罗·古德曼不仅不是朋友，我甚至还不喜欢他。个中缘由正如他在世时我经常伤心地解释过的那样，我感觉他不喜欢我。我始终清楚，我的这种不喜欢是多么令人难过，且仅仅是形式上的。保罗·古德曼去世了，可并非是他的去世才突然让我痛苦地感到这一点。

长期以来，他一直是我心目中的英雄，因此，他日后成为名人，我并不感到半点儿惊讶；不过，人们似乎认为他也就那么回事，这倒总是让我有点儿吃惊。我读的他的第一本书是由新方向出版社（New Directions）出版的短篇小说集《我们阵营的分裂》（*The Break-up of Our Camp*），当时我

---

① 伊凡·伊利奇（Ivan Illich）对桑塔格的儿子戴维·里夫（David Rieff）影响很大，里夫曾担任过他的秘书。——译者
② Cuernavaca，墨西哥中南部城市，莫雷洛斯州首府。为避暑胜地，附近有托尔特克人的文化古迹。——译者

十七岁。一年之内，我读完了他出版的全部作品，从那时起，他出一本，我看一本，他写的任何题材的任何作品，我都怀着同样纯粹的好奇心一口气读完；在世的美国作家里面，尚未有第二位作家能够如此吸引我。虽然我大体上认同他的观点，但这并非是主要原因。我也同意其他一些作家的观点，却不是那么一向忠实的读者。是保罗·古德曼的声音——那种直接的、一惊一乍的、自负的、慷慨的美国人的声音——让我倾倒。如果说，诺曼·梅勒①是他那一代最有才华的作家，那肯定是因为他的声音中所包含的权威和古怪，不过，我一直发现这种声音过于注重标新立异，未免有些做作。我欣羡作为作家的梅勒，但我并非真正推崇他的声音。保罗·古德曼的声音才是货真价实的。D. H. 劳伦斯之后，我们的语言中还从未听到过这样令人信服、自然、独特的声音。在他所有的作品里，都能听到他那强有力的、有趣的声音，并带着他自己极富魅力的自信和笨拙。写作中，他将生硬的句法和恰当的措辞大胆地结合在一起；他能够写出风格极为纯粹、语言极其生动的句子，他也能够写得毫无条理，蹩脚透顶，致使人们以为他是故意为之。但是，这从来都不重要。是他的声

---

① Mailer, Norman（一九二三——二〇〇七），美国小说家、报告文学家，作品描写军队生活及现代社会的色情和暴力，著有小说《裸者和死者》（一九四八）、《美国梦》（一九六五）及报告文学《黑夜的军队：作为小说的历史，作为历史的小说》（一九六八）等。一九八五年当选为美国文学艺术学院院士。——译者

音，即他的才智及其体现出的诗意使我成为他的一个死心塌地的读者，看他的书看得上了瘾。作为作家，他并非经常是优雅的，然而，他的写作、他的思想却风姿绰约。

✓　✓　✓

如果一个作家试图做很多事情，那么，一种可怕的、刻薄的美国式忿恨就会向他袭来。古德曼除了写社会批评以外，还写诗、写剧本、写小说，他还著书立说，论题涉及学术界及由专业人士组成的专制力量严防紧守的知识领域，譬如城市规划、教育事业、文学批评、精神病学，等等，古德曼这样做对他都不利。学术上人们怨恨他自己不作研究却获得本应由他人获得的成果，当精神病专家，又似乎是野路子，然而，谈论起大学和人性来，他又是如此内行，许多人不免为此大动肝火。这些人不知道知恩图报，至今仍然让我感到惊诧。我知道，保罗·古德曼为此常常牢骚满腹。也许，他牢骚发得最厉害的时候是在一九五五至一九六〇年这个阶段记的日记里。这本日记后以《五年时光》（*Five Years*）为名出版，其中，他为自己默默无闻、不被承认、没有获得该获得的奖赏而感到悲痛。

这本日记是在其黎明前的黑暗快到尽头的时候记的。随着《荒唐的成长》在一九六〇年的出版，他的确成名了。从此，他的书流传颇广，人们猜想，他的书甚至获得了广大的读者——如果说保罗·古德曼的观点被重复（均未注明是其观点）的程度也可以算作广泛阅读的证据的话。从一九六〇年起，人们开始把他当回事的时候，他开始赚钱了，年轻人也愿意倾听他的声音了。这一切似乎让他很开心，当然，他仍旧抱怨自己还不够有名，读者不够多，知音太少。

保罗·古德曼远不是一个从不餍足的自大狂。他认为自己从未受到应该受到的关注。他说得很对。这一点从我在他去世后在巴黎看到的六七份美国报刊刊登的讣告中可以清楚地看出来。在这些讣告里，他充其量不过是一个独特有趣的作家，兴趣颇广，心得却不多；他出版过《荒唐的成长》，影响过二十世纪六十年代反叛的美国青年，他性生活缺少节制。我看到的惟一一篇让人对保罗·古德曼的重要有所认识的讣告由内德·罗雷姆（Ned Rorem）拟定，讣文十分感人，只登在《村声》（*The Village Voice*）① 第十七页上；保罗·古德曼的主要支持者都看这份报纸。现在是盖棺定论的时候了，他正被视为一位边缘人物。

我几乎从未希望保罗·古德曼成为麦克卢汉②甚或马尔库塞③那样的媒体明星。是否明星与实际影响毫不相干，也

---

① 美国一家先锋派杂志，在曼哈顿的格林尼治村出版。——译者
② McLuhan, Herbert Marshall（一九一一——一九八〇），加拿大传播理论家，认为计算机、电视等传播手段对社会及艺术、科学、宗教等产生强烈影响。著有《人的延伸》、《媒介即信息》等。——译者
③ Marcuse, Herbert（一八九八——一九七九），美籍德国政治与社会哲学家，批判现代社会的反自然性，主张用革命手段加以改造，被誉为二十世纪六十年代"学生运动的先知"，"新左派"代表人物。——译者

说明不了一个作家有多大的读者群。我不满的是，就连保罗·古德曼的崇拜者也每每不拿他当回事儿。我以为，大多数人从来都不清楚他是一位多么非同寻常的人物。一个作家能做的一切，他差不多都能做，而且，他也努力去做。没错，他的小说越写说教味儿越浓，因而缺乏诗意，但是，作为诗人，他却写出了更多情感充沛、绝不媚俗的诗作；总有一天，人们会发现他的诗多么优秀。他在文章中谈人物、说城市、抒发对生活的感受，他所谈的大多是在理的。他所谓的"随便玩玩"实际就是其才华的显露，这种业余身份使他谈论受教育、精神病治疗、公民的权利与义务等问题时，能够赋予这些话题一种洞见，这一洞见具有异乎寻常的、类似于吝啬鬼对数字所把握的精确，同时，又能够带来一份去想象实际变化的自由。

✓ ✓ ✓

要一一列出我对之心存感谢之处，是件难事。二十年来，他在我心目中一直就是最重要的美国作家。他是我们的萨特，我们的科克托①。他没有萨特那样一流的理论才华，他也从未触及过科克托多种艺术中运用自如的真正幻想般疯

---

① Cocteau, Jean（一八八九——一九六三），法国诗人、小说家、剧作家，并擅长绘画，还当过导演。一九五五年当选比利时皇家法兰西语言文化学院院士和法兰西学院院士。主要诗集有《引吭高歌》（一九二三）、《钉在十字架上》（一九四六）等，代表剧作为《可怕的父母》（一九三八），另著有长篇小说《可怕的孩子》（一九二九）等。——译者

狂而蒙眬的素材，但是，他却有着萨特和科克托都不具备的天赋，即对人生意义无畏的探寻，以及对道德激情所表现出的严谨和豪放。他的作品中所发出的声音是人们熟悉的，惹人喜爱的，也是令人恼怒的，极少有作家能够发出这样的声音。对我来说，这是真实的声音。我猜想，比起生活中的他来，他在作品中显得更高尚，这种情况"文学"中时有发生。（有时候，情况恰好相反，现实生活中的人要比作品中所体现出的那个人高尚，而有时候，作品中的人与现实生活中的人几乎就毫不相干。）

读保罗·古德曼，我从中获得能量。他是少数几位为我确立了成为作家的价值并且使我从其作品中找到一种用以衡量我自己作品的价值的作家之一，不管是健在的，还是已经过世。在那多样的极具个性化的文学殿堂里，有几位尚健在的欧洲作家对我来说也是这样的，但除他之外，尚无健在的美国作家对我有如此的意义。他写的任何作品我都爱看。他固执的时候、笨拙或者愁眉苦脸的时候，甚至是出错的时候写的东西，我统统喜欢。他的自大让我深有感触，却不让我觉得讨厌（我看梅勒的作品时，却恰好相反）。我钦佩他的勤奋，钦佩他愿意发挥作用的热情。我钦佩他多方面表现出的勇气，其中最让人钦佩的是他在《五年时光》中坦承自己是个同性恋；为此，他受到纽约知识界一帮异性恋朋友严厉的批评；那是六年前的事情了，当时，同性恋解放运动还没有到来，因此同性恋的"出柜"尚未成为一种时尚。我爱听他谈自己，也喜欢看到他将自己悲哀的性欲与他对有组织的体制的渴望纠结在一起。他与安德烈·布勒东①之间有许多可比性。像布勒东一样，他是自由、快乐和享乐的鉴赏家，我看他的书，在这三方面获益匪浅。

✓ ✓ ✓

今天上午，我动笔写这篇文章的时候，手伸到窗前桌子底下，想拿些纸，打字用。无意之中，我看到埋在手稿下面的三本平装本书，其中一本是《新改革》（*New Reformation*）。我尽管努力过着一年没有书籍的日子，但是，有几本书还是悄悄地"溜了"进来。在这间禁书的斗室里，我希望尽力倾听自己的声音，发现自己真实的思考和感受，但案头至少仍有一本保罗·古德曼的书。这似乎是合适的，过去二十年间，我住过的公寓里没有一间没有他的大部分著作。

有没有他的书，我都会继续受到他的影响。现在，他去世了，再也不会在新书里谈论什么，这下，没有了他的盛气

---

① Breton, André（一八九六——一九六六），法国诗人，评论家，超现实主义奠基人之一。一九二四年发表《超现实主义宣言》，正式成立超现实主义团体，与达达主义分道扬镳。一九三〇年发表《超现实主义第二次宣言》。第二次世界大战法国溃败后出走美国，一九四二年发表《超现实主义第三次宣言》。其他主要作品有《当铺》（一九一九）、《磁场》（一九二六）、《黑色幽默文选》（一九四〇）、《论超现实主义绘画》（一九四六）等。——译者

凌人，没有了他对一切事情所做的不厌其烦、迂回曲折的解释，没有了他这份榜样的恩赐，我们大家只好自己继续勉力探索，互相帮扶，说真话，发表我们创作的诗篇，尊重彼此的疯狂以及出错的权利，培养我们的公民意识。每念及此，不禁黯然神伤。

[一九七二]

走近阿尔托

否定"作者"的权威这一运动已经开展了一百余年。运动伊始,其动力就是——今日仍是——启示录式的:受到经历一个革命时刻这一全球意识的激励,对旧的社会秩序怨声载道,一旦这一秩序轰然塌坍不禁欢呼雀跃;这一革命时刻继续造就许多道德及知识的完美。对"作者"的声讨搞得轰轰烈烈,热火朝天,尽管革命要么就没有发生,要么就是在哪儿发生,哪儿的文学现代主义的发展便立即停滞不前。在那些未由革命重建的国度里,现代主义逐渐成为高雅文学文化的主要传统而未走向反面,它继续制定出一系列规范,以保存新的道德能量,并力争顺应它们。似乎要诋毁文学创作的历史要求持续了非常漫长的一段时间——文学经历了一代又一代——并不意味着这一要求没有获得正确的理解,也并非像时有暗示的那样,意味着对"作者"所产生的隐忧现已不再时髦,抑或不合时宜了。(一种哪怕是最为骇人的危机,假使它老是那么拖宕着、永无了结,那么,人们对它的态度也会变得玩世不恭起来的。)但是,现代主义的长盛不衰倒的确表明，当人们对巨大的社会、心理焦虑预期的解决被拖延的话，会发生怎样的情况，也就是说，对于适应性和痛苦以及对痛苦的习惯的那些不容置疑的能力，怎样会在间歇的当儿一下子增强。

在长期挑战下形成的概念里，文学从一种理性的——即为社会所接受的——语言中产生，而孕育成各种内在统一的话语类别（如诗歌、戏剧、史诗、论文、随笔、小说），并以个体"作品"的形式出现，然后以真实性、情感力量、微妙性和相关性的标准来作出评判。但是，一个多世纪的文学现代主义清楚地表明了先前稳定不变的文类还有多大可能性，同时也推翻了自给自足作品的理念本身。用以评价文学作品的标准现在似乎根本不再是不证自明、显而易见，更不是普遍的了。这些标准是特定文化对合理性观念的肯定，即对思想以及由此决定的同一文化群体的肯定。

"作者"的面具已经被揭下，做一个作家就是要担当起一种角色，不管是否尊崇习俗，他都不可逃避地要对一种特定的社会秩序负责。当然，也并非所有的前现代作家对他们生活其中的社会都表示赞许。事实上，作家最古老的一种角色就是吁请社会共同体对存在的虚伪和欺骗作出解释，就像尤维纳利斯[①]

[①] Juvenal（六〇？——一四〇？），古罗马讽刺诗人，有十六首讽刺诗传世，抨击皇帝的暴政，揭露贵族的荒淫和道德败坏。——译者

和理查逊①那样；前者在《讽刺诗》中对罗马贵族的愚蠢作出了严厉的批评，后者则在《克拉丽莎》里谴责了为获得财产而走进婚姻的资产阶级制度。但是，前现代作家能有的异化范围仍然局限于——不管他们知道与否——抨击一个阶级或一种环境的价值观，以维护另一个阶级或另一种环境的价值观。而现代作家指的是这样一些作家，即为了努力克服这一局限，他们已经参与进来，以完成尼采一个世纪以前提出的一切价值的价值重估，二十世纪又被安托南·阿尔托（Antonin Artaud）重新定义为"全面取消价值的价值"的伟大任务。尽管这一任务是堂吉诃德式的，但它概括出一种强有力的策略，借此，现代作家宣称他们不再在以下的意义上需要负责：那些赞美他们时代的作家和批评他们时代的作家均是他们在其中发挥作用的社会里的合格公民。承认现代作家，可以依据他们对自我权威的否定的努力，依据他们在道德上不再对社会有用的意愿，以及依据他们不再使自己以社会评论家而是以先知、精神历险者和被社会遗弃者的形象出现的倾向。

否定"作者"的权威不可避免地带来对"写作"的重新

---

① Richardson, Samuel （一六八九——一七六一），英国小说家，其书信体小说《帕美拉》、《克拉丽莎》和《查尔斯·葛兰迪森爵士》等，对十八世纪西欧文学影响深远。《帕美拉》被称为英国第一部小说，《克拉丽莎》则是最长的一部英国小说，约一百万字。——译者

定义。写作一旦不再自我定义为对什么负责任,那么,作品与作者之间、公开话语与私人话语之间那种似乎是常识性的区别便变得毫无意义。所有前现代文学均来自把写作视为非个人的、自给自足的、独立的成就等这样的古典主义写作观。现代文学则提出另一完全不同的理念——浪漫主义写作观,即写作是一种媒介,独特的个性在其中英雄般地展现出来。对公开的文学话语的这种完全是私人性质的涉及并不要求读者对作者有多少具体的了解。尽管关于波德莱尔有丰富的生平资料,而对洛特雷亚蒙伯爵①的生平,我们几乎一无所知,但是,作为文学作品,《恶之花》和《马多侯》均依赖于这样一种作家观,即作者是一个蹂躏其独特主体性的痛苦的自我。

根据浪漫主义感受力首先提出的观点,艺术家(或哲学家)所创造的作品作为一种具有制约作用的内部结构,包含了对主体性劳动的描述。作品从它在一次独特的体验中的地位获得证明,它假定了一种不可穷尽的个人整体性,而所谓的"作品"只是其副产品,一次不充分的表达,如此而已。艺术成为自我意识的一次声明,该意识预设了艺术家自我与

---

① Lautréamont, Comte de (一八四六——一八七〇),法国诗人迪卡斯(Isidore-Lucien Ducasse)的笔名。法国文坛一位神秘奇特人物。一般公认他对兰波、波德莱尔以及后来的超现实主义者均有重要的影响。诗文集《马多侯之歌》(Les Chants de Maldoror)的完整版于一八六九年付梓,但发行商拒发,一八九〇年才重新出版发行。——译者

社会之间的不和谐。的确,艺术家的努力是由其与("理性"的)集体声音之间的决裂程度的大小来衡量的。艺术家是试图成为的一种意识。"我是一个为了存在而必须鞭笞天性的人,"现代文学中在自我苛责方面最说教、最不肯妥协的英雄阿尔托如是说。

理论上讲,这一目标不可能实现。意识这东西在艺术中从来都不可能完全构成其自身,而必须尽力突破自身的边界,从而改变艺术的边界。因此,任何单个的"作品"均有双重性。一方面,它是一次特别的、已经展示的文学行为,另一方面,它又是一个(经常刺耳的、有时反讽的)元文学宣言,该宣言指出在意识和艺术的理想状态方面文学的不足。意识作为一种工程,创造出一种标准,这种标准不可避免地批评某一"作品"是不完全的。文学以旨在整个地占用自我的英雄意识为榜样,因此,其目标在于"整体的书"。对照整体之书的标准,所有写作在实践上皆由残篇构成。开篇、中段、结尾的标准也不再适用。不完整成为艺术和思想的第一属性,导致了反文类作品的产生:文艺作品故意写成残篇或自我取消的东西,思想也宣布无效,并自动撤销。但是,成功地推翻旧标准并不要求否认这样的艺术的失败。正如科克托所言,"惟一成功的作品即是那失败的作品"。

✓ ✓ ✓

安托南·阿尔托是文学现代主义英雄阶段最后的伟大楷

模之一，他的生涯全面地概括了这些价值重估。无论是他的创作，还是他的生活，阿尔托都失败了。他的作品包括诗、散文诗、电影脚本、影评、画论、文学批评、随笔、讽刺文章和剧评；还包括几个剧本，许多没能完成的戏剧工程的笔记，这些工程中有一部歌剧，他还创作了一部历史小说，四幕独角广播剧，关于塔拉乌马拉印第安人①佩奥特仙人掌②崇拜的论文，此外，他还在两部大片（冈斯③的《拿破仑传》和德莱叶④的《圣女贞德的受难》）和多部短片中扮演过光彩照人的角色；他还写过数百通信札，书信是他最拿手的"戏剧"形式。所有这些加起来，构成了一部破碎的、含义丰富的作品集——一部由残篇构成的卷帙浩繁的集子。他留下的不是完成了的艺术作品，而是一次独特的出场、一种诗学、一种思想美学、文化神学和受难现象学。

在阿尔托身上，作为先知的艺术家第一次将艺术家定型

---

① Tarahumara，墨西哥北方奇瓦瓦（Chihuahua）州西南部的中美印第安人。——译者
② peyote，一种产于墨西哥的仙人掌，从中可提取致幻剂佩奥特碱。——译者
③ Gance, Abel（一八八九——一九八一），法国电影导演。一九二五至一九二七年，冈斯在规模宏大的影片《拿破仑传》中成功地运用快速剪辑与叠印手法，并将画面同时放映在三面组接在一起的银幕上，成像最高达到十六幅画面，其势气吞山河，这便是有名的多景银幕片。一九四一年，他在重新拍摄的《拿破仑传》中，第一次运用立体声手段。——译者
④ Dreyer, Carl Theodor（一八八九——一九六八），丹麦电影导演、编剧，丹麦电影创始人之一。一九二七年，他在法国摄制了《圣女贞德的受难》。这是一部在世界电影史上占有一定地位的影片，在内容和导演摄影技术上均有新的探索。——译者

为其意识纯粹的受害者。波德莱尔散文诗中的恶和兰波对地狱一季的记录所预示的成为阿尔托的一种声明，他不间断地、令其深深痛苦地感觉到自己意识本身的不足——一种认为自身已不可弥补地隔绝于思想的情感折磨。思考和运用语言成为永远的磨难。

阿尔托用以描述其精神苦痛的隐喻把思想要么处理成人们从来就未曾有明确的资格（或已失去资格）拥有的财产，要么处理成不调和的、逃遁的、不稳定的、可变得让人讨厌的有形物质。早在一九二一年，才二十五岁的时候，他就声称，他的问题在于自己从来就无法拥有"整体的"思想。整个二十世纪二十年代，他都深感悲痛，因为他的思想"抛弃"了他，他无法"发现"自己的思想，无法"获得"思想，他"失去了"对词语的理解力并"忘记了"思想的形式。在更直接的隐喻中，他为其思想的慢慢丧失而大发雷霆，即他的思想在其身下消失或泄漏掉的那种方式；他自称思想已断裂、退化、僵化、液化、凝固、空洞、密集得无法穿透，总之，话语失去活力。让阿尔托受罪的并非是怀疑他的"我"是否思考，而是他确信他不拥有自己的思想。他没有说自己不能思考；他说他不"拥有"思想——而这在他看来，要远胜于拥有正确的观点或判断。"拥有思想"指的那种思想借此支撑自身、将自身展示给自身看，并能应答"情感和生活的全部情境"的过程。阿尔托声称不"拥有"思想就是从思想的这一意义上讲，即认为思想既是其自身的主体，又是客体。阿尔托明示黑格尔式哲学的、戏剧性的、关注自我的意识能够达到整体异化（而非独立的、全面的智慧）的状态——因为思想仍然是一个客体。

阿尔托使用的语言充满矛盾。他的意象是唯物主义的（这使得思想成为一种物或客体），但他对思想的要求则成为纯粹的哲学上的唯心主义。他只愿视意识为一个过程。然而，正是意识作为一个过程的特征——无法捉摸和流动——才让他感到有一种地狱般的体验。"真正的痛苦，"阿尔托说，"是你感觉到自己的思想在自身中变换。""我思"①，其存在明显得好像几乎不需要任何证明，在拼命地、伤心欲绝地寻找一种思考艺术②。阿尔托惊恐地发现，智慧纯粹是一种可能性。笛卡儿和瓦莱里③在他们伟大的乐观主义史诗中就追求清晰、明确的思想——思想的神圣喜剧作了陈述，阿尔托与他们的陈述恰恰相反，他报告了意识追寻自我的无尽的苦难和迷惘："这种我在其中总是吃败仗的思想悲剧"，思想的神圣悲剧。他自称"在不断追求精神存在"。

阿尔托对自己下的断语——他对自己长期异化于自我意

---

① cogito，"我思"，笛卡儿的"我思故我在"命题的简称。——译者
② 原文为 ars cogitandi。——译者
③ Valéry, Paul（一八七一——一九四五），法国诗人、评论家。一九二五年当选法兰西学院院士。早期诗作有《幻美集》（一九二二），包括名篇《海滨墓园》。另著有《论司汤达》（一九二七）等。——译者

识这一点的确信——的后果是他的智力缺陷直接或间接地成为其作品主要的、永不枯竭的题材。阿尔托关于其思想激情的一些叙述几乎令人不忍卒读。他很少对自己的情感——恐慌、迷惑、勃然大怒、害怕——细加描述。他的天赋不在于心理方面的理解力(由于对此不擅长,他认为这是鸡毛蒜皮,小事一桩),而在于更独到的描写方式,对他无尽的悲伤的一种生理现象学描述。在《衡量神经的尺度》(*The Nerve Meter*)中,阿尔托认为没有人像他那么清楚地了解"内在的"自我。这并非夸张之辞。在整个第一人称写作史上,尚找不到有人对精神痛苦的微观结构作出过如此不倦的详细记录。

不过,阿尔托并非只是记下他的精神苦痛。精神苦痛构成了他的作品,因为尽管写作行为——赋予智慧以形式——是痛苦的,但是,这一痛苦也为写作行为提供了能量。一九二三年,阿尔托将一些相对比较像样的诗投给了《新法兰西杂志》,但遭到杂志编辑雅克·里维埃尔的退稿,认为缺乏连贯性、不和谐。阿尔托失望之极,但是,里维埃尔的苛评倒证明是具有一种释放作用的。此后,阿尔托开始否认他只是在创造更多的艺术作品增添到"文学"的仓库里去。蔑视文学——这个现代主义文学主题兰波第一次作了充分的表达——阿尔托在一个未来主义者、达达主义者和超现实主义者使之变得极其平常的时代里表达出来,便呈现出一种不同的调子。阿尔托蔑视文学更多的是与对苦难的一种特别的体验而非四处弥散的文化虚无主义有关。对于阿尔托来说,提供给写作行为的能量一旦转变为艺术能力,即当它获得一部完成了的文学产品的有利地位的时候,那么,支持写作行为(并证明这一行为的确实性)的极端的精神——也是身体——痛苦便不可避免地被错误地陈述。对文学的口头羞辱(阿尔托在《衡量神经的尺度》中说"一切写作都是垃圾"。)捍卫了写作作为值得容纳作家的痛苦的容器这一危险而有点神奇的地位。羞辱艺术(正如羞辱观众一样)是防止艺术堕落、克服苦难平庸化的一种努力。

苦难与写作间的联结是阿尔托最为重要的主题:人经历了苦难便获得了话语权,但是,必须使用语言却是受难的中心。他以为自己遭受到一种他的"思想与语言间""令人糊里糊涂的困惑"的蹂躏。阿尔托与语言之间的距离展示出现代诗成功的语言距离的阴暗面——其创造性地运用语言的纯粹形式上的种种可能性,运用词语的歧义以及固定意义的人为性。阿尔托的问题不在于语言本身,而在于语言与他所谓的"理智对于肉体的疑惧"的关系。他不同于所有伟大的神秘主义者,后者提出过传统的抱怨,即词语倾向于窒息活生生的思想,把瞬间的、有机整体的、感官体验的东西弄成死气沉沉的、仅仅是语言的东西。阿尔托其次极力反对的才是语言的死气沉沉,他首先反对的是他自己内在生活的执拗。

词语为自我定义为"突发性的"意识所使用，就会成为刀子。阿尔托似乎已经受到一种异乎寻常的内在生活的折磨；在这一生活中，他的身体感觉的错综复杂和喧闹尖叫，及其神经系统那些突如其来的直觉与他赋予它们语言形式的能力似乎永远在发生冲突。熟巧与无能之间的冲突、非凡的语言才华与一种思想瘫痪之间的冲突是阿尔托全部著述的心理剧情节；为使这一冲突保持戏剧上的正当有效性，需要不断地消除附加在写作身上的光环。

这样，与其说阿尔托为写作松绑，毋宁说他将写作看作意识的镜子，从而将写作永远置于怀疑之下；于是，所能写的范围便获得了与意识本身同样广阔的共同空间，任何话语的真实性就不得不依赖于话语来自其中的意识的活力和完整。阿尔托反对所有分等级的、柏拉图式的思想理念，因为这样的理念认为意识的一部分高于另一部分，而阿尔托赞同精神诉求的民主，认为大脑每一层面、每种倾向和每种质量都有被聆听的权利："我们心里可以做任何事情，我们可以用任何声调讲话，即便是不合适的那种。"阿尔托认为没有什么知觉是微不足道的、粗糙的。他以为，艺术应该能从任何地方报道——尽管并非出于那些为惠特曼式的豪放或乔伊斯式的新异而辩护的原因。对阿尔托来说，禁止精神与肉体不同层面任何可能的交易均会导致对思想的剥夺，以及最纯粹意义上的活力的丧失。构成"所谓的文学音调"——以传统上可以接受的形式出现的文学——的狭窄的音域变得比欺骗更糟糕，成为精神压抑的一种工具。这是判精神死刑。阿尔托的真实观确保了精神的"动物"冲动与智性的最高级运行之间完全的、微妙的和谐一致。阿尔托在不厌其详地讲述其精神不足的过程中，在他把"文学"打发走的时候，正是对这一变动不居的、整体上统一的意识的诉求。

意识的质量是阿尔托的最高标准。他始终如一地将其意识乌托邦主义与心理唯物主义联结在一起：绝对的精神也即绝对的肉体。于是，他的精神痛苦同时又是最最厉害的肉体痛苦，关于他的意识他所说的一切也同样适合于他的身体。的确，给阿尔托造成不可治愈的意识之痛的，完全是因为他拒绝将精神和肉体的情形分开考虑。他的精神根本没有脱离身体，他的意识的受难，其原因就在于他的意识与身体浑然而为一体。阿尔托反对人们所持的关于意识的所有等级观念或仅仅是二元观；他对待其精神的方式始终好像精神就是一种身体——一个他无法"拥有"的身体，因为它要么太纯洁，要么备受蹂躏；同时，这也是一个他为其混乱无序所"占有"的神秘的身体。

当然，如果按字面意思去理解阿尔托关于精神无能的观点的话，那是错误的。他所描写的精神无能并非指明其著作的种种局限（阿尔托的推理能力并不比别人差），但确实解释了他的工程：细致入微地追溯他的身体-精神那些沉重的、缠绕在一起的纤维。阿尔托的写作前提是他让"存在"与过度清晰、肉体与词语匹配在一起时遇到的巨大困难。阿尔托挣扎着去体现其生动的思想，结果，他写作过程中，不时发生发烧般的突发性"短路"；写作戛然而止，继而又重新开始。任何单个的"作品"都被赋予一种混合的形式，譬如，在说明性文本和梦境描写之间，他常常插入一通信札，而收信人则是想象出来的，要不就是一封真实的信，但收信人的名字则被略去。换种形式，他就换了口吻。写作被视为宣泄一种燃烧的能量的猝不及防、难以预料的流动；知识必须在读者的神经里爆炸。阿尔托的文风细节与其将意识视为困难和受罪的泥淖的观念相吻合。他决心敲碎"文学"那硬邦邦的外壳——至少，他决心打破读者与文本之间那种自我保护的隔离。虽然在现代主义文学史上，这算不得什么抱负，但是，在付诸行动的作家中，他可能是做得最好的了。他采用的办法是突然中断话语，让情感走向极端，依傍道德宗旨之纯洁，讲述其精神生活极其痛苦的本性放纵，最后凭借他为了使用语言而去真正地、高贵地忍受磨难。

✓　　✓　　✓

让阿尔托感到痛苦的那些困难依然存在，因为他在思考无法思考的东西，即身体如何是精神、精神又如何是身体的问题。这一永远无法解决的悖论反映在阿尔托希望创造艺术，同时也是反艺术这一点上。然而，后一悖论更多的是假设而非真实。如果读者不去管阿尔托所作的种种否认,那么,他们不可避免地会把话语策略看作艺术,只要这些策略达到某种成功的、杰出的高度（正如它们常常达到的那样）。他在一九二五至一九二九年间出版的三本小册子,即《炼狱的中心》（*The Umbilicus of Limbo*）、《衡量神经的尺度》、《艺术与死亡》（*Art and Death*）,可被视为散文诗,它们取得的成就比诗人阿尔托的任何诗作都辉煌。这些散文诗使他成为继写出《启迪》和《地狱一季》的兰波之后最伟大的法语散文诗人。不过,将他这些最成功的文学作品与其他作品分开,那就不对了。

阿尔托的作品不承认艺术与思想之间、诗歌与真理之间有何不同。尽管他的每部作品里都出现阐释的停顿和"形式"的变化,但他创作的全部作品都提出了一系列观点。阿尔托始终是说教的。他从未停止过侮辱、抱怨、规劝和抨击——即使在他一九四六年从罗德兹精神病院出院后写的诗歌里,亦复如此;在这组诗歌里,部分语言已让人无法理解,也就是说,这种语言完全是无法传递信息的现实存在。他的作品全部以第一人称写成,讲话的方式是符咒和东拉西扯的解释构成的众声喧哗。他的活动是艺术,同时又是关于艺术的思考。在早年一篇画论中,阿尔托宣称,艺术品"只因建立其上的思想才有价值,其价值正在于我们要重新讨论的东西"。正如阿尔托的作品达到了一种诗艺①的高度那样(他的作品只是对其片断性的阐释),他将艺术创作视为全部意识——生活本身——运转的一种比喻。

这一比喻构成阿尔托一九二四至一九二六年间与超现实主义联系的基础。就阿尔托的理解来看,超现实主义是一场适合于"一切心态"、适用于"人类活动所有类型的革命",其作为种种艺术内部一种倾向的地位是次要的,仅仅是策略性的。他赞成超现实主义——"尤其是作为一种心态"——视之为一种思想评论,同时又是拓宽思想范围和提高思想质量的一种技巧。虽然在自己的生活中,他对日常现实的资本主义思想的压抑性机制极为敏感(一九二三年,他写道:"我们在充斥着谎言的世界里出生,生活,然后死亡。"),他还是十分自然地为超现实主义所吸引,因为它提倡一种更微妙、更富于想象力,也更具反叛的意识。但他很快就发现超现实主义那一套是另一种限制。所以,当大多数超现实主义同人即将加入法国共产党的时候,阿尔托便斥之为背叛的一步,并主动退出他们的行列。一九二七年,针对"超现实主义的虚张声势",他起草檄文,以蔑视的口吻坚持认为,一场实际的社会变革改变不了任何东西。超现实主义者依附于第三国际,尽管时间不长,却让他找到了正当的

---

① 原文为 *ars poetica*。——译者

理由与他们分道扬镳，但是，他的不满远远不只是与他们在什么样的革命才是他们需要的、才与他们相关的这一点上意见相左。（超现实主义者不比阿尔托更像共产党。安德烈·布勒东所有的政治充其量不过是一系列特别吸引人的道德同情；若在另一个阶段，他会因此成为无政府主义者，而且，这样的道德同情使其当时十分自然地在二十世纪三十年代成为托洛茨基①的党徒和朋友。）真正让阿尔托感到不悦的是他们性格完全不合。

出于误解，阿尔托曾热烈地拥护超现实主义针对"理性"在意识上设置的限制所提出的挑战，热烈拥护超现实主义的信念，即梦境、药物、反叛的艺术和反社会行为能帮助人们走近一种范围更广阔的意识。他认为，超现实主义者是一个"对拥有自己的思考不抱任何希望的"人。他当然是夫子自道。在超现实主义主流观念里，绝望完全没有一席之地。超现实主义者欢迎打开理性之门后随即带来的益处，而不理会那些令人厌恶的东西。超现实主义者是乐天派，相比之下，阿尔托心事重重，他至多只能充满疑虑地承认非理性的合法性。超现实主义者提出与意识玩谁都不会输的精心设

---

① Trotsky, Leon（一八七九——一九四〇），苏联托洛茨基集团领袖，十月革命后历任外交人民委员、革命军事委员会主席等职，后被开除党籍（一九二七），逐出苏联（一九二九），组成"第四国际"（一九三八），在墨西哥遭暗杀，著有《不断革命》等。——译者

计的游戏，而阿尔托则投身于一场"收复"自身的殊死搏斗。布勒东认为，非理性可被视为通向思想新大陆的一条有用之路。对阿尔托来说，一旦他去往任何之地的希望被剥夺，非理性便成为他的殉难之地。

通过拓宽意识的疆界，超现实主义者不仅指望完善理性的统治，而且希望加大感官享受的力度。阿尔托无法指望从开拓意识的新领域中获得什么享受。超现实主义者既对感官享受又对浪漫之爱满心喜悦地加以肯定；阿尔托与他们根本不同，他将色情行为视为令人感到恐怖的洪水猛兽。在《艺术与死亡》中，他认为"耽于性事让我惊恐万状，血液停止流动"。在他的许多作品中，性器官成倍地变大，尺寸大得可怕，形状也是可怕的双性同体；童贞则被处理成一种优雅状态，性无能或阉割更多地呈现为一种拯救而非惩罚，从《艺术与死亡》中阿伯拉尔这一人物所产生的意象上即能看出。阿尔托不屑地评论道，超现实主义者看起来倒是酷爱生活的嘛。对此，他表示蔑视。一九二五年，他在解释超现实主义研究局的项目时，曾对超现实主义表示肯定，将其描写成"某种特别的排斥方式"，翌年得出的结论却认为这些排斥浅薄得很。正如一九六六年布勒东逝世时，他的朋友马塞尔·杜尚①在感人的悼词中所说的,"超现实主义灵感首先来源于爱:对有选择倾向的爱的礼赞"。超现实主义是快乐的精神政治。

尽管阿尔托强烈反对超现实主义,但其趣味却是超现实主义的,而且一向如此。他看不起作为资产阶级平庸的集合体的"现实主义",这就是超现实主义理念;同时,他热情洋溢地推崇疯狂的、业余的艺术,推崇东方艺术,标举一切极端的、不可思议的、哥特式的东西,凡此种种,均为超现实主义理念在他身上的体现。阿尔托蔑视他那个时代的戏剧剧目,蔑视致力于探索个体性格心理的戏剧——这一蔑视是他一九三一至一九三六年写成的《戏剧及其重影》(*The Theater and Its Double*)的基调,这始于一种立场,布勒东在《超现实主义第一宣言》(一九二四)中正是出于这一立场才将小说逐出门外的。但是,虽然阿尔托与布勒东抱有相同的热情和美学偏见,他们使用的方式却完全不同。超现实主义者是欢乐、自由、享乐的鉴赏家,阿尔托则是在绝望和道德方面苦苦挣扎的鉴赏家。超现实主义者断然拒绝赋予艺术以独立的价值,他们看不出道德诉求与美学诉求之间究竟有什么冲突。从这个意义上讲,阿尔托说他们的项目是"美

---

① Duchamp, Marcel(一八八七——一九六八),法国画家,达达派代表人物,创作"现成取材"作品,如带胡须的蒙娜·丽莎,作品怪诞,以虚无主义态度对待艺术传统。一九五五年入美国籍。——译者

学的"——他是指仅仅是美学的——时候,他说对了。阿尔托确实看到了这一冲突,并要求艺术应当根据道德严肃性的标准来证明自己的正当性。

从超现实主义那里,阿尔托获得了一种视角,把他自己永恒的心理危机与布勒东(在一九三〇年发表的《超现实主义第二宣言》中)所谓的"意识的总危机"联结在一起,阿尔托在他全部作品中均坚持采纳这一视角。但是,超现实主义经典中的危机感根本没有阿尔托那样令人沮丧。超现实主义者发出的悲叹与阿尔托被撕裂了的感觉——既指精神上的,又指生理的——放在一起看,似乎只是要起到振奋精神的作用,根本谈不上让人感到震惊。(事实上,它们处理的不是同样的危机。对于苦难,阿尔托知道的无疑比布勒东多,正如布勒东比阿尔托更懂得自由一样。)超现实主义者留下的一个相关遗产,使阿尔托得以继续在他全部的作品中认为,艺术理所当然地负有一种"革命的"使命。但是,对革命的认识,阿尔托与超现实主义者分歧很大,一如他那被蹂躏的情感与布勒东基本健全的情感相去甚远一样。

从超现实主义者身上,阿尔托也保留填平艺术(和思想)与生活之间的鸿沟这一浪漫主义要求。一九二五年,他写作《炼狱的中心》时,一上来就宣称自己无法构思"脱离生活的作品",即"脱离生活的创造"。但是,阿尔托又坚持认为,因为密切联系生活而创作的单个的艺术品是没有价值的，在这一点上，其态度之强硬、之独断远甚于超现实主义者。像超现实主义者一样，阿尔托视艺术为意识的一种功能，每部作品仅代表艺术家意识整体的一部分。但是，他将意识主要等同于其不为人知的、隐藏起来的、给人造成极大痛苦的层面，这样一来，他就使得把意识整体分割成单独的"作品"不仅成为一种随意的过程（这正是让超现实主义者着迷的地方），而且成为自我挫败的过程。阿尔托将超现实主义的观点变狭窄了，结果，使得单独的一部艺术作品本身变得简直毫无用处；艺术品落到了被视为一件物品的地步，也就死了。在同样写于一九二五年的《衡量神经的尺度》里，阿尔托将其作品比作没有生命的"废品"，不过是"灵魂的碎片"，如此而已。意识的这些碎片只有作为艺术品的隐喻，即意识的隐喻，才能获得价值和活力。

因为蔑视任何脱离生活的艺术观，蔑视艺术品为物体（思考的对象、迷惑感官的东西、开启心智的物体、分散注意力的东西）的观点的任何翻版，阿尔托遂将一切艺术比作戏剧表演。在阿尔托的诗学中，艺术（和思想）是一种行动——一种为了成为真正的行为而必须成为暴力行动的行动，同时，也是受难的、充满了极端情感的体验。艺术是这样的行动和激情，其狂热既有反偶像崇拜的内涵，又有狂热的福音成分，因此，似乎需要一种更大胆的场所，似应走出博物馆和合法的供参观的地方，需要一种新的、更粗鲁的面对观众的方式。支撑阿尔托艺术观的内心冲动的讨论给人以极其深刻的印象，但是，这并未改变他设法拒绝认为艺术品是一种物体这种传统角色的方式——即去分析和体验艺术品，而这种分析和体验又是彻底的重复。他视艺术为思想的行动，因而也是心灵的激情。思想产生艺术。艺术在其中所占的空间也是心灵——被视为一个有机整体，由情感、身体感受和赋予意义的能力构成。阿尔托的诗学是一种终极的、疯狂的黑格尔主义，在其中，艺术是意识的概括，是意识对其自身的反映，是一种空洞的空间，意识在这里作出了危险的自我超越的一跃。

✓　✓　✓

填平艺术与生活之间的鸿沟便毁了艺术，同时，也使得艺术走向大众。一九二六年，阿尔托建立了阿尔弗雷·雅里剧院。在为剧院起草的宣言中，他欢迎"所有形式的艺术正相继掉落其中的坏名声"。他的高兴或许是在摆姿态，但是，他如果去为那种现状感到后悔，便前后矛盾了。一旦艺术的主要标准成为其与生活的融合（也就是包括其他艺术在内的一切），那么，单独的艺术形式就没有存在的必要了。进一步讲，阿尔托认为，现存的艺术之一必须很快从其神经衰弱中走出来，成为整体艺术形式，它将把所有其他艺术形式吸收进来。阿尔托毕生的工作或可归纳为他所作出的一系列努力，努力形成并进入该主要艺术，勇敢地贯彻其信念，即他所追求的艺术不能只是一种他的才华主要局限其中的艺术——一种仅仅涉及语言的艺术。

阿尔托在所有艺术领域里创作的作品的界限及其与艺术仅是语言艺术的观念保持的不同的批评距离是一样的，与他一辈子不同形式的"诗歌反叛"（他一九四四年在罗德兹创作的一篇散文的标题）也是一致的。从时间顺序来看，诗歌是他所从事的多种艺术中的第一种。目前保存下来的诗最早的写于一九一三年，他当时才十七岁，还是家乡马赛的一名学生。一九二三年，他搬到巴黎三年后，出版的第一本书就是诗集。同年，他投给《新法兰西杂志》的一些新的诗稿未被采用，这才有了他与里维埃尔之间著名的书信往来。但是，阿尔托很快就轻视诗歌，青睐起其他艺术来。二十世纪二十年代，他能够创作的诗规模过小，无法达到他直觉中认为的主要艺术应有的程度。在早期诗作中，他气息短促；他运用的精巧的抒情诗这一形式无法为其散漫的、叙述的想象提供空间。直到一九四五至一九四八年之间，在他生命的最后三年创作一发而不可收的时期，阿尔托对诗应当成为封闭的抒情表现的观念表现出冷漠的态度，他才找到呼吸顺畅的声音，足以满足其想象力需要达到的范围的要求——一种如同庞德的诗作那样的摆脱了固定形式、结尾呈开放式的声音。二十年代，阿尔托心目中的诗作根本没有这些可能性，也达不到这样的要求。那时的诗规模太小了，而整体艺术必须大,感觉大;它必须是多声部的表演,而非单一的抒情物。

整体艺术形式——不管是在音乐、绘画、雕塑、建筑,还是在文学上——的理想激发起的所有创作活动均能以这样或那样的方式搬上舞台。尽管阿尔托不用那么刻板,但是,他早年投身于明显是戏剧的艺术也不无道理。一九二二年到一九二四年之间,他在查尔斯·杜兰①和比托叶夫②夫妇导演的戏里扮演角色;一九二四年,他也开始了电影演员的生涯。这也就是说,到二十世纪二十年代中叶,阿尔托已经为整体艺术这一角色找到两个可行的候选方式,即电影和戏剧。然而,因为他希望自己不是作为演员而是作为导演来提出这些艺术的候选资格,他不得不很快就排除掉其中之一的电影。阿尔托从来就没有自导一部影片的途径,而且,一九二八年,另一位导演按照他写的本子《海边贝壳与牧师》(*The Seashell and the Clergyman*)导了一部片子,阿尔托看到自己的意图在片中变得面目全非。一九二九年,有声电影的到来加剧了他的挫败感。有声电影是电影美学史上的一个转折点,而阿尔托却像整个二十世纪二十年代为数不多的看

---

① Dullin, Charles(一八八五——一九四九),法国导演、演员和戏剧改革家。——译者
② Pitoëff, Georges(一八八四——一九三九),俄国出生的导演和演员,在法国以导演外国当代戏剧而知名。——译者

电影并认真对待的观众当中的大多数人一样，错误地预测有声电影将结束电影这门艺术形式的伟大的时代。他演电影一直演到一九三五年为止，但没有什么机会导演自己的影片，而且，对于电影的种种可能性也未作进一步的思考（尽管阿尔托泼冷水，电影仍旧是二十世纪最能拥有主要艺术这一称号的候选艺术）。

从一九二六年晚些时候起，阿尔托对一种整体艺术形式的探寻集中在戏剧上面。与仅由一种材料（词语）组成的诗歌艺术不同，戏剧运用了多种材料：词语、灯光、音乐、身体、家具、服装，等等。与仅仅使用多种语言（形象、词语、音乐）而成的电影艺术不同，戏剧是一种肉欲的、肉体的艺术。戏剧将最多样的手段——手势与口头语言，静物以及三维空间里的活动熔于一炉。但是，戏剧并非仅仅靠媒介的丰富就成其为主要艺术。某些媒介高高地凌驾于其他媒介之上，独断专行，不可一世，理应被创造性地推翻。正如瓦格纳对交替更迭的咏叹调和宣叙调这一传统提出挑战（因为该传统暗含了声音、歌曲和管弦乐之间存在着一种等级关系），阿尔托对倡导每种舞台要素均在一定程度上服务于演员间的对白这一做法提出抨击。阿尔托认为使戏剧从属于"文学"的对话剧总是获得种种优先考虑是错误的，通过这一质问，阿尔托悄悄地提升了使其他戏剧表演形式（如舞蹈、清唱剧、马戏表演、卡巴莱歌舞表演、教堂仪式、体育馆表演、医院手术室的抢救、法庭辩论等）独具特性的各种媒介。但是，将其他艺术以及准戏剧形式的这些资源利用进来，并不能使戏剧成为一种整体艺术形式。建设一门最重要的艺术并非靠增加一系列东西就成；阿尔托呼吁的主要倒不是戏剧该增加媒介。相反，他希望戏剧能够清除掉那些外在的、容易的成分。阿尔托呼吁建设这样一种戏剧，在其中，欧洲倾向于口头表演的演员应当重新接受训练，成为心灵的"运动员"。借此，阿尔托表明了他在身心努力方面的一贯趣味——追求作为折磨的艺术。

阿尔托的戏剧好比一台任务繁重的机器，它要将心里的种种想法转换成完全是"物质的"结果，其一就是种种的激情本身。多少世纪以来，欧洲戏剧一直赋予词语优先权，认为它是表达情感和思想的工具；阿尔托反对这种做法，而希望展示演员体内情感有机的基础和思想的物质性。他的戏剧是要对一种发展不充分的状态作出反映，西方演员的身体（和讲话以外的声音）处于此状态中已经延续了几代人的时间，就像表演艺术的情况一样。为改变这一因如此青睐口头语言而造成的不平衡，阿尔托建议让演员的训练接近于训练舞蹈演员、运动员、小丑和歌手那样，并如他在《残酷戏剧第二宣言》（一九三三）中所说的，"将戏剧首先建立在表演的基础上。"他并非要以表演的布景、服装、音乐、灯光和舞台效果来取代语言的魅力。他对表演提出的标准是感官暴力,而非感官上的陶醉;美是他从来就不加考虑的一个观念。阿尔托根本不认为场面豪华本身有什么魅力可言,事实上,他竭力希望舞台极其朴素——朴素到取消掉任何代表其他东西的道具。他在一九二六年的一份宣言中称,"舞台上的实物、小道具、布景,观众都应该直接去理解……不是它们所代表的对象,而是它们自身。"后来,在《戏剧及其重影》中,他建议把布景统统取消。他倡导一种"纯粹的"戏剧,其主宰为"本身即是一种思想的绝对姿势的物质性"。

如果说,阿尔托的语言听上去依稀像柏拉图,这是有原因的。像柏拉图一样,阿尔托也是从道德的角度来对待艺术的。他并非真喜欢戏剧——至少,他不喜欢整个西方搞出来的戏剧,他指责那不够严肃。他心目中的戏剧将会与提供"无聊的、做作的消遣"的那种仅仅是娱乐的东西毫不相干。阿尔托争论的核心中的对照不在于仅仅是文学戏剧和强烈感官享受的戏剧之间,而在于享乐主义戏剧与道德严格戏剧之间。他所倡导的是一种萨沃那洛拉①或克伦威尔会举双手赞成的戏剧。的确,《戏剧及其重影》可以视为对戏剧的一次痛斥,他所表现出的仇恨令人想起卢梭的《致达朗贝论戏剧书》。莫里哀《愤世嫉俗》中的阿耳塞斯特让卢梭勃然

---

① Savonarola(一四五二——一四九八),意大利宗教、政治改革家,多明我会宣教士,抨击罗马教廷和暴政,领导佛罗伦萨人民起义(一四九四),建立该城民主政权,被教皇阴谋推翻后处以火刑。——译者

大怒，他认为莫里哀老于世故，将真诚和道德纯洁讽刺为不得体的狂热，卢梭在文末争辩道，道德浅薄是由戏剧的性质决定了的。像卢梭一样，阿尔托反对大多数艺术表现出的道德浅薄。阿尔托又像柏拉图那样，感到艺术一般都撒谎。虽然阿尔托没有将艺术家们逐出其理想国，但是，只有当艺术成为"真正的行为"的时候，他才会表示赞许。艺术必须是认知的。"一个形象必须同时是*知识*的时候才能让我感到满足，"他写道。艺术必须在观众身上产生一种有益的精神效应，在他看来，这一效果的力量有赖于对所有形式的中介的拒绝。

是阿尔托身上的道德诉求促使他呼吁戏剧应当做"减法"，应当尽量摆脱掉各种中介因素——包括书面文本（脚本）的干扰。戏剧讲谎话。一部戏即使不讲谎话，一旦获得"杰作"的地位，它便成为一个谎言。一九二六年，阿尔托宣称，他不希望创造一种戏剧来上演，然后使这些戏能够加到文化的神圣杰作的单子上，或使之在其中获得永久的地位。他认为，写下来的戏留下的是一种无用的障碍，剧作家则是观众与呈现在舞台上的赤裸裸的真理之间一种不必要的中介。当然，阿尔托的道德观在这里显然表现出一种反柏拉图转向：赤裸裸的真理可完全是一种物质的真理呵。阿尔托给戏剧下的定义是：戏剧为一处所，在这里，一个个"灵魂"晦暗的层面在"一种真正的、物质的投射"中展露出来。

为体现思想，严格设计的戏剧必须摒弃已经写好的本子的干扰，这样就能消除作者与演员之间的分离。（对演员这个行当最古老的反对意见就此会消失；这一派意见认为，演员的行当是一种心理堕落的形式，因为他们说的话并不是自己的，而且他们假装感觉到一些从功能上讲不真诚的情感。）演员与观众之间的距离应当缩小（不是消除），缩小的途径是打破舞台与礼堂一排排固定座位之间的分界线。阿尔托由于自己那种僧侣似的情感，从来都无法设想出观众积极参与表演的戏剧形式，但他希望摒除那些允许观众将自身与其体验相分裂的戏剧规范。阿尔托希望戏剧既不针对观众的心灵，也不针对他们的感觉，而是针对他们的"整个存在"。这就含蓄地回应了道德家的一个指控，即戏剧促使观众关注想象出来的问题，从而分散了他们对真正自我的关注。只有最狂热的道德家才会希望人们去剧院看戏如同他们去看外科医生或牙医一样。对观众"动手术"虽然能够保证不致命（医生开刀有时可是要出人命的），却也非同儿戏，观众看完戏走出剧院时在道德上或情感上不应当无动于衷，"没有任何触动"。阿尔托还作了另一个医学比喻，他将戏剧比作瘟疫。揭示真理意味着揭示原型而非个人心理；这就使得剧院成为冒险之所，因为"原型现实"是"危险的"。观众不宜对号入座，将舞台上所发生的事情与自己对号入座。

土星照命 | 039

对阿尔托来说，"真实的"戏剧是一种危险的、令人感到种种威胁的体验——这种体验将平和的情感、嬉戏和令人踏实的亲密关系排除在外。

长期以来，艺术中的情感暴力的价值一直是现代主义感受力的一个主要信条。然而，在阿尔托之前，残酷主要是实施于一种不偏不倚的精神，宗旨在于其美学效果。当波德莱尔将"震惊体验"（瓦尔特·本雅明语）置于其诗及散文诗的中心时，他并非要让读者因此获得提高或启迪。但是，这恰恰是阿尔托投身于震惊美学的宗旨所在。通过全身心投入突发性的艺术，阿尔托在艺术观上成为和柏拉图一样的道德家，但是，阿尔托是这样一个道德家，他对艺术所怀有的希望正好否认了柏拉图的观点建立其上的那些区别。阿尔托反对艺术与生活之间的分离，因此，他也反对隐含了现实与再现之间的差异的所有戏剧形式。阿尔托并非要否认这一差异的存在，但他的意思是，假如表演场面足够——即极其——残暴的话，那么，这一差异是可以超越过去的。艺术品的"残酷"不仅有一种直接的道德功能，而且有一种认知功能。根据阿尔托对知识所持的道德主义评判标准，一个形象只有是残暴的，才是真实的。

柏拉图的观点建立在一种假设上，即生活与艺术之间、现实与再现之间存在着不可克服的差异。《理想国》第七卷有个著名的比喻，柏拉图将无知比作生活在一个灯光设计巧妙的洞穴里，对洞中人来讲，生活是一种景象——一种仅仅由真实事件的阴影构成的景象。这个洞穴即是戏剧。真理（现实）沐浴在洞外的阳光里。在《戏剧及其重影》柏拉图式的比喻中，阿尔托采取了一种更为宽厚的影子和景象观。他认为有真实的阴影，也有虚假的阴影（景象也一样），人们能学会将它们区别开来。阿尔托根本不把走出洞穴、凝望现实的正午当作智慧来看待，他认为现代意识苦于没有阴影。弥补的办法是留在洞里，但要设计出更好看的景致。阿尔托所倡导的戏剧将"对阴影作出命名和引导"，并摧毁"虚假的阴影"，从而为"新一代阴影的到来铺平道路"，在其周围，将聚集起"生活的真实景象"，通过这一途径，他的戏剧将为意识服务。

阿尔托反对精神的等级观念，因此，他推翻了超现实主义珍视的理性与非理性之间表面的区别。阿尔托不赞成那种牺牲理性来维护情感，推崇肉体、排斥精神，推崇由于药物作用而变得异常兴奋的头脑、贬损普通的头脑，推举本能的生活、贬低沉闷的精神活动等等司空见惯的观点。他倡导的是一种与精神之间可以替代的关系。这就是非西方文化展示给阿尔托的那种大加宣传的吸引力，但不是让他吸服药物的东西。（阿尔托吸鸦片并上了瘾，是因为要减轻让他一辈子受罪的偏头疼和其他神经痛，并非要拓展他的意识。）

在较为短暂的一段时间里，阿尔托将超现实主义的心态视为他寻求的那种统一的、非二元的意识的榜样。一九二六年，他与超现实主义分道扬镳后，重新倡导艺术——尤其是戏剧，视之为更严格的示范。阿尔托寄望于戏剧的功能是愈合语言与肉体间的分裂。对训练演员，他持有一套观点，其要旨在于这一训练当迥异于人们熟悉的那种既不教演员如何在台上移步，又不教他们在讲话以外如何运用他们的声音的训练。（他们可以尖叫、嚎叫、唱歌、吟咏。）这同样是其理想戏剧艺术的题材。阿尔托根本不信奉将理智与情感两极化的那种浅薄的非理性主义，而是把戏剧想象成一个身体将在思想中再生、思想也会在身体里再生的处所。他给自己的病下的诊断是其思想内部的一种分裂（他写道："我的意识体破裂了。"），使得灵与肉之间的分裂内化。阿尔托的戏剧论可以看作身心重新统一的一本心理手册。戏剧成为他用以指自我修正的、自发的、肉体的、具有高度智慧的精神生活的最高隐喻。

真的可以说，阿尔托在写于二十世纪三十年代的《戏剧及其重影》中提出的戏剧意象与他在二十世纪二十年代早中期的一些著作——如《衡量神经的尺度》、致雷内·艾伦迪和伊沃妮·艾伦迪的信函，以及《来自地狱的日记片断》等——中用以描述其精神痛苦的那些意象是相呼应的。阿尔托抱怨说他的意识没有疆界，也没有固定位置，缺乏语言，或者总处于与语言的搏斗之中，为种种不连贯所折断——

不,应该说是遭难;其意识不是没有实在的位置,就是位置始终处于变化(时空的拓展)之中,其意识为性所迷,又处于一种疯狂的骚扰状态之中。阿尔托的戏剧特点是,演员们在台上面对面时没有固定的空间位置,同样,演员与观众的关系上也没有固定的空间定位;行动和灵魂有一种流动性;语言支离破碎,语言在演员的尖叫声里获得了超越;戏剧场面是肉体性的;还有就是他的戏剧音调过于粗暴。阿尔托当然不是在简单地复制他内心的痛苦。他是要提供其系统化了的、肯定的版本。戏剧是一种投射出来的画面,表现的是缠牢了他但他奋力挣扎着要去超越和肯定这一超越的那种危险的、"非人的"内在生活(因此也是一种理想的戏剧化)。它同时是治疗那受伤的、充满激情的内在生活的一种顺势疗法。阿尔托认为,戏剧既然是从情感和道德上对意识"动手术",那就必须"残酷"。

休谟①明确地将意识比作戏剧的时候,这一意象在道德上是中立的,也完全是非历史的;他没有在想什么具体种类的戏剧,不管是西方的,还是非西方的,事实上,戏剧引发的任何提示他均会认为不相干。对阿尔托来讲,这一类比关键之处在于戏剧——以及意识——变动不居。就阿尔托建构

---

① Hume, David(一七一一——一七七六),英国哲学家、经济学家、历史学家,不可知论的代表人物,认为知觉是认识的惟一对象,否认感觉是外部世界的反映。著有《人性论》、《人类理智研究》等。——译者

的戏剧来看，不仅意识像戏剧，戏剧也像意识，因此，适于被改变成一个戏剧实验室，人们可以在那里从事改变意识的研究。

阿尔托的戏剧论是他对自己的思想追求的转换。他希望戏剧（像思想那样）摆脱"语言及形式的"束缚。他认为，一部解放了的戏剧能够发挥解放的作用。通过给极度的激情和文化梦魇以发泄的渠道，戏剧就使它们得以宣泄，不再作祟。但阿尔托的戏剧不只是净化的。至少在宗旨上，他的戏剧观与一战前后马里内蒂[①]和达达主义艺术家构想的对观众进行玩闹的、施虐狂的攻击的反戏剧毫无共同之处（阿尔托二十世纪二三十年代的戏剧实践则另当别论）。阿尔托倡导的攻击性是有节制的、精心安排的，因为他认为感官暴力是体现出来的智慧的形式。他坚持认为戏剧要有认识功能（一九二三年，他在一篇论梅特林克的文章中写道：戏剧是"精神活动的最高形式"），因此他将随意性排除在外。（即使在他作为超现实主义者的日子里，他也未参与到自动写作中去。）他有时说到，戏剧必须是"科学的"。他这么说，意思是戏剧不能随随便便，不能只是表达什么，只是自发的、

[①] Marinetti, Filippo Tommaso（一八七六——一九四四），意大利作家、未来主义创始人，在巴黎《费加罗报》发表《未来主义宣言》（一九〇九），后参加法西斯党（一九一九），著有小说《未来主义者马法尔卡》，剧本《饕餮的国王》等。——译者

个人的，或者娱乐性的，而必须是一种完全是严肃的、从终极意义上讲带有宗教意图的东西。

阿尔托对戏剧情境严肃性的坚持也标志着他与超现实主义者之间的区别，后者对艺术及其治疗的、"革命"使命的思考远远没有阿尔托那样细致。超现实主义者的说教冲动也不像阿尔托那样不可调和，他们丝毫不要求艺术创造来承担道德紧迫感，也并不想去寻找出任何单独艺术形式的种种局限。他们倾向于成为尽量广泛的艺术领域里的游客，有时还是天才级的游客，因为他们相信艺术冲动无论在哪里出现都一样。（这样，有过理想的超现实主义生涯的科克托将其做的一切均称为"诗"。）作为一个美学家，阿尔托更伟大的胆识和权威部分地来自于一个事实，即尽管他也从事多门艺术的实践，并像超现实主义者一样，拒绝受制于把艺术分散到不同的媒介之中的做法，但是，他并不把不同艺术视为同样的变化无穷的冲动的对等形式。阿尔托自己从事的活动，不管多么散漫零乱，始终代表了他对一种整体艺术形式的追求，所有其他艺术形式都将融入其中，一如艺术本身将会融入生活那样。

似非而是的是，正是这种对艺术不同领域的独立性的否认才使得阿尔托去做任何超现实主义者均未企望做的事情：完整地重新思考某一艺术形式。对这种艺术，即戏剧，他发挥了极其深刻的影响，以至于西欧和美国晚近一切严肃的戏剧不妨说分两个阶段——阿尔托前和阿尔托后。现在，没有哪个戏剧中人不受阿尔托在演员的身体和声音、音乐的运用、书面文本的作用、演出空间和观众空间的互动诸方面所提出的具体观点的影响。阿尔托改变了人们对什么是严肃的、什么是值得做的事情的理解。布莱希特是二十世纪惟一一位其重要性和深刻性可与阿尔托相媲美的剧作家。不过，阿尔托自身未能像布莱希特那样成为一个伟大的导演而对现代戏剧的良知产生影响。他的影响未获得来自其制作的支持。一九二六至一九三五年间，他在戏剧方面的创作看上去毫无魅力可言，所以，没有留下丝毫的痕迹，而他急于让接受能力尚欠缺的公众来接受他的制作，他这样做所代表的戏剧观倒是越来越具有说服力。

✓　　✓　　✓

二十世纪二十年代中期以降，阿尔托的著作受到文化剧变观念的鼓舞。他提出的意象暗含了一种医学的而非历史的文化观：社会病了。像尼采一样，阿尔托自认为是文化的医生——同时也是该文化中病痛最为剧烈的病人。他构想中的戏剧是对付业已建立的文化的突击队行动，是对资产阶级公众发起的一次进攻；它既要向人们表明他们死了，同时又要把他们从精神麻木中唤醒。这个日后在精神病院连续住了九年并在最后三年被连续不断的电休克疗法折磨得身心交瘁的人建议，戏剧应当给文化施行一种休克疗法。阿尔托常常抱怨自己感觉要瘫痪了，他希望戏剧恢复"生命的感觉"。

在一定程度上，阿尔托开出的处方类似于过去两个世纪里西方文化中以简单、*生活的动力*①、自然、没有丝毫的欺骗性等名义下出现的很多文化革新计划。他得出了诊断——我们生活在一个无机的、"僵化的文化"之中——他将这一文化的死气沉沉、没有活力归结为书面文字的控制所致。这一诊断在他得出的时候已经不是什么新见，然而，几十年过去了，依然不失其权威。阿尔托在《戏剧及其重影》中提出的论点与尼采在《悲剧的诞生》中提出的观点密切相关，尼采在书中哀叹由于注重理性的人物的介入，由苏格拉底哲学指导下的雅典气血旺盛的古老戏剧萎缩了。（他们俩之间还有一点类似之处在于：让青年尼采倾心于瓦格纳的是瓦格纳认为歌剧是一种总体艺术作品②——在阿尔托之前，这是关于总体戏剧的最完备的认识。）

正如尼采回复到先于雅典世俗化、理性化的口头戏剧艺术的酒神仪式一样，阿尔托在非西方的宗教的或神奇的戏剧身上找到了自己的样板。阿尔托提出了"残酷戏剧"，并非是要作为西方戏剧里面的一个新理念。它"假定了……另一种文明形式"。然而，他并非指涉哪种特定的文明，而是指在历史上有许多根基的一种文明的理念——来自过去的社会以及今天的非

---

① 原文为 élan vital。——译者
② 原文为 Gesamtkunstwerk。——译者

西方社会和原始社会的各种因素的综合。偏爱"另一种文明形式"从本质上讲是兼收并蓄的。(就是说,它产生于某种道德需求的一种神话。)激发起阿尔托戏剧观的灵感来自东南亚:一九二二年,在马赛看柬埔寨戏剧,一九三一年,在巴黎观看巴厘戏剧。但是,刺激同样有可能来自于对一个达荷美部落的戏剧或者是巴塔哥尼亚印第安人所举行的萨满教仪式的观察。关键的一点是他者文化必须是正宗的他者文化,即非西方、非当代文化。

阿尔托在不同时期,先后追随了所有三条游客最多的从西方高雅文化到"别样的文明"的想象之路。首先来的是一战刚结束体现在黑塞①、雷内·多马尔②和超现实主义作品中的所谓东方转向。其次是对西方过去被压抑住的部分——异教的精神或完全是神奇的传统——所产生的兴趣。第三是对所谓原始民族生活的发现。把东方以及西方古老的摒弃社会道德规范的、超自然的传统,还有异国情调的前文字部落的原始共产主义结合到一起的是,无论空间上还是时间上,它们均在别处。这三条路均代表了往昔的价值。尽管墨西哥的塔拉乌马拉印第安人今天依然存在,然而,一九三六年阿尔托前去访问的时候,他们的

---

① Hesse, Hermann (一八七七——一九六二),瑞士籍德国作家,试图从东西方宗教、哲学思想中寻求理想世界,一九四六年获诺贝尔文学奖,著有《玻璃球游戏》、《荒原狼》、《东方之行》等。——译者
② Daumal, René (一九〇八——一九四四),法国超现实主义作家、哲学家。——译者

幸存便已经不合时宜了；他们所代表的种种价值属于过去，一如阿尔托一九三三年在创作历史小说《黑利阿加巴卢斯》（*Heliogabalus*）① 时所研究的古代近东神秘宗教的价值一样。"别样的文明"的三个版本都见证了对一种建立在公开的宗教主题和对世俗社会的逃离之上的社会的同样寻求。让阿尔托感兴趣的是佛教的东方（见他写于一九二五年的《致佛教流派》）和瑜伽的东方，而绝不会是毛泽东的东方，尽管阿尔托大谈革命。（长征进行的时候，恰逢阿尔托在巴黎挣扎着上演他的"残酷戏剧"作品。）

这种怀旧常常是兼收并蓄，以至于根本不可能找到其历史位置的，是现代主义感受力在最近数十年间似乎变得越来越可疑的一个层面。从根本上讲，这是殖民主义观念的一种美化；是对非白人文化在想象中的剥削，其道德生活被大大地简化，智慧则被掠夺并受到嘲讽。对这一批评，尚无令人信服的回应。但是，针对另一种批评倒可以回应，即"别样的文明"的追寻认为可以获得对历史的精确了解。这种追寻从来就不追求这样的了解。其他文明是被用作样板，它们能够作为想象的刺激物，完全是因为他们是不可接近的。它们是样板，也是神秘物。也不能因为这一追寻对给人类造成灾

---

① 该历史小说主人公黑利阿加巴卢斯即罗马皇帝埃拉加巴斯（Elagabalus，二〇四——二二二），荒淫放荡，臭名昭著，强令罗马人崇拜太阳神，处决几名持异议的将军，引起社会不满，为禁卫军所杀。——译者

难的政治力量不敏感就断言它具有欺骗性，因而不予考虑。它有意识地反对这样的敏感性。这一怀旧构成刻意的非政治观点的一部分——不管它是如何频频地炫耀"革命"这个口号。

否认了艺术与生活之间存在鸿沟后产生的对整体艺术的向往，一个结果一直就是倡导艺术作为革命的一个工具的理念，另一个结果是艺术和生活均等同于无所为而为的、纯粹的游戏。有一个维尔托夫①、一个布勒东，就有一个凯奇②、一个杜尚，或一个劳申伯格③。阿尔托认为，他的活动是一场更大的革命的一部分，并自称是艺术领域里的一个革命者，因此接近于维尔托夫和布勒东，尽管如此，实际上他是站在两个阵营之间——他无论对满足政治冲动还是满足游戏冲动一概不感兴趣。布勒东试图将超现实主义计划与马克思主义联结起来的时候，阿尔托深感失望，认为他们落入政治之手是对本质上是一种"精神"革命的背叛，因此，他与他们分道扬镳。他差不多是本能地反对资产阶级（像几乎所有

---

① Vertov, Dziga（一八九六——一九五四），苏联电影导演、编剧兼理论家。他的"电影眼"理论对二十世纪二十年代纪录片的发展和电影中的现实主义风格产生国际性影响。——译者
② Cage, John（一九一二——一九九二），美国作曲家，首创音乐创作中的"非固定"原则，采用多种手法确保偶然性，如不固定的乐器数目和演奏人数，无严格规定的记谱等，主要作品有《幻景第四》和《四分三十三秒》。——译者
③ Rauschenberg, Robert（一九二五——二〇〇八），美国艺术家、波普艺术和环境艺术代表人物，早期创作"混合画"，后以丝漏版画技法作画，曾从事舞台美术和服装设计工作，主要作品有《床》、《字母组合》等。——译者

现代主义传统中的艺术家一样），但是将权力从资产阶级那里转到无产阶级手中的前景对他从来就没有诱惑力。从他坦率承认的"绝对的"观点来看，社会结构的变更不会改变任何东西。阿尔托投身的革命与政治毫不相干，而是被他清楚地视为一种改变文化方向的努力。阿尔托不仅接受一场文化革命可以与政治变革没有关系这一流传颇广（且错误）的信念，而且其言下之意是，与政治不相干的革命才是惟一真正的文化革命。

阿尔托号召发动一场文化革命，这表明了与我们时代每个伟大的反政治道德家所提出的相似且英勇的回归计划。文化革命的旗帜不是马克思主义或毛泽东主义左派的专利。恰恰相反，它对那些更多地成为右翼活跃分子的与政治无关的思想家和艺术家（如尼采、斯本格勒、皮兰德娄①、马里内蒂、D. H. 劳伦斯、庞德等人）特别具有吸引力。在政治左翼这边，几乎没有人倡导文化革命。（塔特林②、葛兰西和戈达尔是我此刻想到的几位。）纯粹"文化的"激进主义不是靠不住，就是到头来骨子里整个就是保守的。阿尔托颠覆

---

① Pirandello, Luigi （一八六七——一九三六），意大利剧作家、小说家，著有长篇小说《已故的帕斯卡尔》、剧作《六个寻找作者的剧中人》等作品，一九三四年获诺贝尔文学奖。——译者
② Tatlin, Vladimir Yevgrapovich （一八八五——一九五三），苏联画家、雕刻家、建筑师，以一九二〇年在莫斯科设计的富有想象力的第三国际纪念碑而传名后世。——译者

文化并重新赋予文化以活力的一系列计划、他对一种新人性的渴望说明对反政治的革命的所有思考的种种局限。

排斥政治性的文化革命除了走向文化神学——和救世神学，别无他途。阿尔托一九二七年宣称，"我向往另一种生活。"阿尔托的全部著作讲述的都是拯救的故事，戏剧是他思考得最为深刻的拯救灵魂的途径。精神变革是二十世纪戏剧常常追求的一个目标，至少从伊莎朵拉·邓肯①开始，便一直如此。最近，也是最严肃认真的例子是杰齐·格罗托夫斯基②的实验剧院，在实验剧院，从创办演出公司，到排练，再到上戏，整个活动均是为演员们的精神再教育服务的；需要观众到场只是要让他们亲眼目睹演员们表演自我超越的技艺。在阿尔托的残酷剧院，再生的是观众——这一说法未能证实，因为阿尔托从未能让他的剧院（像格罗托夫斯基整个二十世纪六十年代在波兰那样）真正运作起来。作为一个目标，它似乎远不如格罗托夫斯基致力的训练来得可行。尽管阿尔托对以传统方式训练演员情感和身体上的装备是敏感的，但是，他从未仔细考察过他倡议的激进的再训练将会怎样影响作为人的演员。他整个心思全集中在观众

---

① Duncan, Isadora（一八七八——一九二七），美国女舞蹈家，建立舞蹈动作完全自由的舞蹈体系，为现代舞的发展铺平了道路。——译者
② Grotowski, Jerzy（一九三三——一九九九），波兰人，实验戏剧的国际创办人，二十世纪六十年代在波兰弗罗茨瓦夫实验剧院任导演。——译者

身上。

可以料想，观众是令人感到失望的。阿尔托在其创建的两个剧院——阿尔弗雷·雅里剧院和残酷剧院——里上演的戏未引起什么观众的参与。然而，尽管阿尔托对他的公众的素质一点都不满意，他抱怨得更多的却是他从严肃的巴黎戏剧机构那里得到的象征性支持（他无望地给路易·儒韦①写过一封长信），是他上演剧目的极度困难，是这些剧目上演后获得的微不足道的成功。可以理解，阿尔托愤怒了，因为尽管他有许多有头有脸的资助人，朋友则都是名作家、名画家、名编辑、名导演——他没完没了，缠着他们请求道义上和资金上的支持——他的戏真上演的时候，只是获得了传统上保留给由高雅文化消费常客参加、以合适方式举办却又困难重重的一些活动的零星好评。阿尔托在残酷剧院上演的最为雄心勃勃、表达最为充分的戏，即他自己的《桑西一家》（*The Cenci*），一九三五年春仅演了十七天。但是，即使演一年，他很可能会同样地承认失败。

在现代文化中，已经建立了强有力的机器，借此，持异见的作品获得作为"先锋派作品"起初这一半官方地位后，会逐渐被吸纳为可以接受的作品。但是，阿尔托在戏剧方面的实践活动压根儿就没有获得这种资格。《桑西一家》不是

---

① Jouvet, Louis（一八八七——一九五一），法国演员、导演、设计师和技师，二十世纪法国戏剧界最有影响的人物之一。——译者

一出非常好的戏，即使用阿尔托自己倡导的狂暴的戏剧艺术标准来衡量，亦复如此。从方方面面的情况看，对《桑西一家》这一制作的兴趣在于戏里所暗示却未能真正体现的观念。阿尔托作为导演和主演，他在舞台上、作品中的所作所为都过于乖僻、过于狭隘、过于歇斯底里，根本打动不了人。他对戏剧发挥的影响是通过他的戏剧观，这些观点一个权威的组成部分即他根本无法将这些观念付诸实践。

大都市受过教育的大众练就了一个对新异商品永不满足的好胃口，他们对于现代主义的痛苦已习以为常，也有本领战胜这一痛苦：任何否定的最终都能转变为肯定的。这样，竭力提倡将作为保留剧目的杰作扔到垃圾堆里的阿尔托就被视为极有影响力的另一种保留剧目的创造者、戏剧的敌对传统的创造者。阿尔托厉声高呼"让杰作见鬼去吧"被听成语气和缓些的"让那些杰作见鬼去吧"。但是，阿尔托对传统保留剧目的攻击做出这一肯定性重新定位，没有阿尔托实践（不同于他的理论）的支持则不能成功。尽管他向来坚持认为戏剧应该抛掉剧本，但是，他自己的戏剧作品远非没有剧本。他的第一个演出团体就是根据《乌布王》（*King Ubu*）的作者命名的。除了他自己的戏——《征服墨西哥》（*The Conquest of Mexico*）、《攻克耶路撒冷》（*The Capture of Jerusalem*）（未上演）和《桑西一家》，还有许多当时不时髦或不为人知的杰作阿尔托都想重新搬上舞台。他还真的将卡尔德隆①和斯特林堡②的两部伟大的"梦戏"(即《人生是梦》和《一出梦的戏剧》)搬上了舞台。他的一个夙愿是希望把以下杰作也搬上舞台,它们包括欧里庇得斯的《酒神的伴侣》,塞内加③的《提埃斯忒斯》、《费弗沙姆的阿登》④,莎士比亚的《麦克白》、《理查二世》、《泰特斯·安德洛尼克斯》,图尔纳⑤的《复仇者的悲剧》,韦伯斯特⑥的《白魔》和《马尔菲公爵夫人》,萨德⑦改编的《欧叶妮·佛朗瓦尔》,毕希纳⑧的《沃伊采克》和荷尔德林⑨的《恩培多克勒

---

① Calderón de la Barca, Pedro (一六〇〇——一六八一),西班牙剧作家、诗人,是继洛佩德·维加之后西班牙最著名的剧作家。一生共创作一百多部世俗剧,最著名的有《医生的荣誉》、《人生是梦》、悲剧《萨拉梅业的镇长》和杰出的宫廷剧代表作《空气的女儿》。——译者
② Strindberg, (Johan) August (一八四九——一九一二),瑞典最伟大的剧作家,写有一系列长、短篇小说和剧本,开创了现代瑞典文学,并对欧美戏剧艺术产生过深刻的影响。——译者
③ Seneca, Lucius Annaeus (约前四——六十五),古罗马政治活动家、悲剧作家。——译者
④ 该作品作者未详,故桑塔格未标示出来。——译者
⑤ Tourneur, Cyril (一五七五?——一六二六),英国剧作家,著有《无神论者的悲剧》和《复仇者的悲剧》。——译者
⑥ Webster, John (一五八〇?——一六二五),英国剧作家,所著的《白魔》和《马尔菲公爵夫人》被公认为除莎士比亚悲剧作品外十七世纪英国最重要的悲剧。——译者
⑦ Sade, Marquis de (一七四〇——一八一四),法国贵族,人称萨德侯爵。著名的法国色情小说作家,是性虐待文学的建立者,施虐狂(sadism)一词即由其名而来。一八〇〇年出版的中篇小说集《情罪》却一反往常,显示出高尚的道德感。《欧叶妮·佛朗瓦尔》即《情罪》故事之一。——译者
⑧ Büchner, Georg (一八一三——一八三七),德国剧作家。——译者
⑨ Hölderlin, (Johann Christian) Friedrich (一七七〇——一八四三),德国诗人。——译者

斯之死》等。这些本子的选择勾勒出一种现已广为人知的感受力。阿尔托和达达主义者一起，形成了最终成为外百老汇、外外百老汇、大学剧院里标准的严肃趣味。用以前的话来说，就是废黜索福克勒斯、高乃依和拉辛，拥护欧里庇得斯和不为人知的伊丽莎白一世时代的剧作家；阿尔托开列的名单上惟一作古的法国作家为萨德。在他最后十五年间，那种趣味已经体现在事件剧和可笑剧（The Theater of the Ridiculous）上；此外还有热内、让·沃蒂埃、阿拉巴尔①、卡尔梅洛·贝内和山姆·谢巴德②创作的作品；以及生活剧团③上演的《弗兰肯斯坦》、埃杜阿多·马奈的《修女》（由罗杰·布兰④导演）、麦克儿·麦克卢尔的《胡须》、罗伯特·威尔逊的《聋子的一瞥》和希思科特·威廉斯的《ac/dc》。阿尔托为颠覆戏剧、建立精神霸权的美学潮流将自己

---

① Arrabal, Fernando（一九三二——　），出生于西班牙的法国荒诞派剧作家、小说家、电影制片人。作品内容多宣扬暴力、残酷和色情。二十世纪六十年代后期，他的剧作逐渐注重形式，内容多涉及宗教，属于他所谓的"惊讶剧"（Théâtre Panique）。——译者
② Shepard, Sam（一九四三——二〇一七）美国剧作家、演员，其剧作巧妙地将美国西部、通俗主题、科学幻想和流行文化及青年文化成分混合在一起。——译者
③ The Living Theatre，一九四七至一九七〇年的一个轮演剧目剧团，以创新演出各种实验戏剧而著称。这些戏剧往往思想激进，具有反传统、反权威、反观众的特色。这一剧团由贝克（Julian Beck）和马利那（Judith Malina）创立于纽约市。——译者
④ Blin, Roger（一九〇七——一九八四），法国导演兼演员。被公认为荒诞派戏剧著名导演和贝克特剧作最杰出的阐释者。一九五三年，在巴黎导演《等待戈多》。——译者

的作品与别人分开,而他所做的一切仍可视为而且大多已然成为一种新的戏剧传统。

如果阿尔托的设想没有真正超越艺术,那么,它至少设定了一个艺术只能暂时支撑一下的目标。为了精神变革的目的,世俗社会里每次运用艺术,只要它是公众的,其真正的敌对力量就不可避免地被剥夺。用直接的甚至是间接的宗教语言来陈述,这一设想均极其无力。但是,精神变革的无神论者计划,如布莱希特的政治艺术,已经被证明同样是可以被同化的。现代世俗社会里仅有一些情形似乎非常极端,无法沟通,所以,能够有机会避免被同化。疯狂就是一种情形,超出想象的苦难(如大屠杀)是另一种。第三种当然是沉默。阻止这一势不可挡的同化过程,一种途径是切断交流(甚至是反交流)。将艺术用作精神变革的一种媒介的冲动终将偃息,这几乎是不可避免的——正如每个现代作家一方面面对公众的冷漠或平庸,另一方面又发现成功的取得毫不费劲时所感受到的彻底封笔的诱惑一样。因此,一九三五年上演了《桑西一家》之后,阿尔托就放弃戏剧,那不只是因为缺乏经费或缺乏同人们的支持。要在世俗文化里创造一个能够反映黑暗的、隐匿的现实,这种设想在思路上就是矛盾的。阿尔托从来都未能建立他的拜罗伊特①——尽管他希望建

---

① Bayreuth,德国中东部巴伐利亚州城市,尤以瓦格纳到此定居并建立歌剧院而闻名。每年七八月间在此举行音乐节。——译者

立，因为他的观念是无法体制化的。

《桑西一家》演出失败翌日，阿尔托开始了墨西哥之旅，他要亲眼看一看一个仍旧存在的"原始"文化群落里那种超凡的现实。未能成功地将这一现实搬上舞台，让大家接受，他就自己成为它的观众。自一九三五年开始，阿尔托不再费心思考一种理想的艺术形式这一前景了。他始终带有说教味的写作现在带有一种预言性的调子，并且频频地提及难以理解的神奇的系统，如犹太教神秘主义哲学和塔罗纸牌。看起来，阿尔托渐渐相信他能亲自直接施展他曾经想为戏剧施展的情感力量（并取得精神效果）。一九三七年中期，他怀揣着一个探索或确认其神力的模糊计划，去了阿伦群岛。艺术与生活之墙仍然倒在那里。但是，事情朝相反的方向发展，而不是一切都被吸收进艺术之中；阿尔托没有依托任何中介就走进了他的生活——这是一个危险的、横冲直撞的物体，一个对脱胎换骨极度饥渴而又永远找不到合适营养的容器。

✓　　✓　　✓

尼采非常冷静地提出一种无神论的精神神学，一种否定性神学，一种没有上帝的神秘主义。阿尔托则在一种特殊的宗教感受力——诺斯替教①感受力的迷宫里徘徊。（诺斯替教

---

① Gnosticism，一种融合多种信仰，把神学和哲学结合在一起的秘传宗教，强调只有领悟神秘的"诺斯"，即真知，灵魂才能得救。公元一至三世纪流行于地中海东部各地。——译者

接近密特拉教、摩尼教、袄教和密宗佛教，但被推到犹太教、基督教和伊斯兰教的异端的边缘，其永恒的主题以不同的术语在不同的宗教里出现，但仍有某些相同的思路。）诺斯替教的主要能量生成于玄学焦虑和极度的心理痛苦，即被抛弃感、作为局外人的感觉、为处在神退出的宇宙里不断对人类精神进行折磨的魔力所控制的感觉。宇宙本身是个战场，每种人生都在展示外在压抑、迫害的力量与寻求救赎的焦虑不安、备受折磨之苦的个体精神之间的冲突。宇宙之魔力以物质的形式存在，同时，也作为"法则"、禁忌、禁止而存在。这样，用诺斯替教的话来说，精神就被抛弃在、堕落在并陷入身体之内，个人处于"世界"——即我们所谓的"社会"——中而受到压抑，并困在其中。（诺斯替教全部的思路都有一个特点，即将内宇宙、心灵和混沌的外宇宙、"世界"或"社会"两极化，这被视为压抑——几乎不或根本不承认诸多社会领域和机构起调和作用的层面的重要。）自我，或曰灵魂，发觉自己与"世界"是决裂的。惟一可能的自由就是非人的、绝望的自由。为了获得拯救，灵魂必须被带出其躯体、个性和"世界"。自由的获得需要做出艰苦的准备。谁追求自由，谁就得接受极端的羞辱，同时表现出最大的精神上的自豪。有种说法讲，自由需要彻底的禁欲。另一种说法则是，自由需要放荡——练习逾越的艺术。一个人为了从"世界"中解放出来，他就必须打破道德（或社会）

法则。为了超越身体,就必须经历一个阶段的肉体放荡和语言上的亵渎,其理论依据是只有当道德已经被一个人故意蔑视,他才可能获得彻底的改变,即进入一种将一切道德范畴均抛在身后的优雅状态。在示范性诺斯替戏剧的两种说法里,获得拯救的人超越了善恶的范畴。诺斯替教强调二元主义(身体—灵魂、物质—精神、恶—善、黑暗—光明),并在此基础上,许诺对所有二元论的摒弃。

  阿尔托的思想复制了诺斯替教的大部分教义。比如,他在写于一九二七年的一篇檄文中对超现实主义进行讨伐,使用的整个就是宇宙戏剧的语言,其中,他谈到"世界灵魂中心位移"的必要性,还谈到在"精神偏离正常"之中一切物质的起源。在其全部著述中,阿尔托一再谈到自己受到陌生力量的迫害、侵略和玷污;他的作品集中描写自己灵魂不断发现它处于"物质"的状态下便没有自由的时候它所表现出的变化无常。阿尔托被物质弄得心神不宁。从写于二十世纪二十年代的《衡量神经的尺度》、《艺术与死亡》,到写于一九四七至一九四八年的《这里安息着……》(*Here Lies*)和广播剧《与上帝的审判决裂》(*To Have Done with the Judgment of God*),阿尔托的散文和诗作描写了一个充斥着物质(粪、血、精液)的世界,一个肮脏的世界。物质是统治世界魔力之化身,而物质是"晦暗的"。阿尔托构想的戏剧——致力于神话和神奇的戏剧,其精髓就在于他相信所有伟大的神话都是"晦暗的",所有的神奇全是魔法。阿尔托深信,生活即使为僵化的、堕落的、仅仅是口头的语言所包裹的时候,现实仍在下面——或在其他某个地方。艺术能够运用这些力量,因为它们在每个灵魂里翻腾。正是为了寻找这些不为人知的力量,阿尔托于一九三六年远赴墨西哥,亲眼目睹塔拉乌马拉人佩奥特仙人掌崇拜仪式的。个人的拯救需要与恶势力接触,向它们屈服,在它们手里受苦,最后达到战胜它们的目的。

阿尔托一九三一年写道,他喜欢巴厘戏剧的地方在于,它与"娱乐"毫不相干,而是具有"类似于宗教仪式的郑重性的东西"。二十世纪,许多导演都努力将戏剧重塑为仪式,赋予戏剧表演以宗教活动的严肃性,阿尔托即其中一位,但是,人们一般找到的仅仅是最模糊、最杂乱的宗教观和仪式观,天主教弥撒和霍皮族人[①]祈雨舞被赋予同样的艺术价值。阿尔托的看法在现代世俗社会中尽管也许并不比别人更切实可行,但就有关的仪式而言,至少更具体些。阿尔托希望创立的戏剧规定了一种世俗化了的诺斯替教仪式。它不是一种补偿,也不是一种牺牲,或者,如果是,那些牺牲也全是隐喻而已。它是一种变革的仪式——灵魂法术的一次暴行的集体表演。阿尔托呼吁戏剧否定"带着分析透彻的性

---

① Hopi,霍皮族系美国亚利桑那州东北部一个印第安人部落。——译者

格和感情的心理之人",否定"屈服于法律并为宗教和戒律改变成畸形的社会之人",而仅去对"完整的人"讲话。这是一种彻底的诺斯替理念。

不管阿尔托对"文化"怀有怎样美好的愿望,他的思维从根本上讲,只面对个人的自我,而将其他全部排斥在外。如同诺斯替教徒那样,他是个激进的个人主义者。从早期创作开始,他所关心的就是灵魂"内在"状态的变形。(自我的定义即"内在的自我"。)他认为,世俗关系不涉及个人的核心所在;寻求赎罪破坏了所有社会的解放方法。

阿尔托认为,一种具有社会可能性的特征的赎罪之途就是艺术。他对人文戏剧,即关于个人的戏剧,不感兴趣,其原因就在于他相信这一戏剧从来都无法带来剧变。阿尔托以为,戏剧要使人获得精神解放,便须表达大于生活的冲动。但是,这只能表明阿尔托的自由观本身就是诺斯替教式的。戏剧服务于一种"非人的"个性,一种"非人的"自由,就如阿尔托在《戏剧及其重影》中所表述的那样——正是自由的、社会的自由观的反面。(阿尔托认为布勒东的思考是肤浅的,即乐观的、审美的,这是因为布勒东没有那种诺斯替教风格抑或感受力。布勒东为协调个人自由的要求与借助于慷慨的、共同一致的情感而拓展及平衡个性的需要这一希望所吸引;布勒东和保罗·古德曼在这个世纪通过最了不起的微妙和权威而形成的无政府主义观念是一种保守的、人文的思考形式——它对所有压抑性的、卑劣的东西都极其敏感，同时，对于保护人的成长和快乐的种种限制又忠诚不渝。诺斯替教思维的一个特征就是它对所有的限制都很恼火，连对拯救性的限制也是如此。)"一切真正的自由都是晦暗的，"阿尔托在《戏剧及其重影》中说道，"它们与同样是晦暗的性自由毫无疑问是一样的，尽管我们不知道究竟为什么。"

对阿尔托来说，自由的障碍和自由的中心均在于身体。他的态度涉及了通常的诺斯替教主题范围，即肯定身体，排斥身体，希望超越身体，最后是追求救赎身体。"什么都不能触动我，什么都无法让我感兴趣，"他写道，"除非它们直面我的肉身。"可是，身体永远是个问题。阿尔托给身体下定义从来就不管其感官享乐的能力，他考察的始终是令人震惊的智慧及其痛苦的能力。正如阿尔托在《艺术与死亡》中所哀叹的那样，他的精神对身体是无知的，他对自己"作为一个有身体的动物这一状况"缺乏了解，所以，他抱怨说自己的身体也不知道精神。在阿尔托对痛苦的表述里，身体与精神互相对着干，均不让对方了解而克服懵懂的状态。他说到来自其肉体的"精神诉求"，这是他所相信的惟一的知识来源。身体有一种精神。"肉体中有一种精神，"他写道，"一种快似闪电的精神。"

正是阿尔托对身体的智性期待才导致他厌恶身体——无知的身体。的确，两种态度互相包含。他的许多诗作表达出对身体极大的厌恶，聚积了对性方面种种厌恶的联想。"一个真正的人不过性生活，"阿尔托在发表于一九四七年十二月的一篇文章中写道，"他不犯这种可恨的、让人感官麻木的罪行。"《艺术与死亡》或许是他为性所困最为强烈的著述，但是，阿尔托在他全部著作中都将性妖魔化。最常出现的是一个妖魔似的、下流的身体——"这个由肉和疯狂的精液构成的不可用的身体，"他在《这里安息着……》中如是说。作为这个为物质所玷污的堕落之躯的对照，他获得了一个狂想出来的纯洁的身体——没有器官、没有令人眩晕的欲望。阿尔托即使在坚持认为除开身体他什么都不是的时候，仍旧表达出一种热切的渴望，要彻底超越身体，放弃性。在别的意象中，必须使身体变得有灵性、重新精神化。出于对被玷污的身体产生的厌恶感，他便退而追求思想与肉体会统一其中的被救赎的身体："形而上学是通过皮肤才被重新引入我们的心灵的"；惟有肉体能够提供"对生活的权威理解"。阿尔托想象的诺斯替教戏剧所担当的任务，完全是要去创造这一获得救赎的身体——这一神话般的工程他解释时诉诸了文艺复兴炼金术这个伟大的诺斯替教的最后的体系。炼金术士迷恋于典型的诺斯替意义上的物质难题，他们寻求将一种物质转化成另一种（更高的、精神化的）物质的方法；与他们相仿佛，阿尔托致力于创造一种炼金术领域，这一领域既对肉体也对精神"下手"。戏剧即是做出一种"可怕的、危险的行为"，他在《戏剧与科学》中说——"人体真正的器官性、身体性改变"。

阿尔托主要的隐喻是典型的诺斯替教式的。身体即转变成"物质"的精神。正如身体压倒精神并使精神变形一样，语言也是如此，因为语言就是转化成"物质"的思想。阿尔托自忖，语言的问题与物质的问题是同一性质的。厌恶身体和反感语言是一种情感、两种表达。在阿尔托的意象所确立的各种对等物中，性即身体的腐败行为和堕落行为，"文学"则是语言的腐败行为和堕落行为。尽管阿尔托始终希望将艺术中的行为当作精神解放的一种途径，然而，艺术总是可疑的——一如身体。就像他对身体所寄予的希望一样，他对艺术的希望也是诺斯替教式的。总体艺术的前景与获得救赎的身体具有同样的形式。（"身体是身体／单独的身体／不需要器官，"阿尔托在他最后阶段的一首诗中这样写道。）像获得救赎的身体一样，艺术一旦超越自我——即没有"器官"（即文类）、没有其他部件的时候就获得了救赎。在阿尔托想象的被救赎的艺术中，没有分隔开的艺术作品——只有一种总体艺术环境，它是神奇的，突如其来的，赎罪的，而且最终也是晦涩的。

诺斯替教作为一种建立在知识（"真知"）观念而非信仰基础上的感受力，严格区分传授给公众的知识和秘传知识。内行人士必须通过许多不同层次的训练，才有资格将真正的教义传授给他们。知识即自我超越的能力，只为少数人保留。阿尔托有其诺斯替教感受力，为许多秘密教义所吸引，既将它们视为艺术的一个替代，又将它们视为艺术的样板，这是十分自然的事情。阿尔托在二十世纪三十年代是"伟大能量"的业余博学者，他对秘传体系的阅读面越来越宽，包括炼金术、塔罗纸牌、犹太教神秘学、占星术、玫瑰十字会①，等等。这些教义的共同之处在于它们均是诺斯替教主题体系中相对较晚的、没落的变体。从文艺复兴炼金术那里，阿尔托为他的戏剧找到了一个样板：像炼金术的一个个标志一样，戏剧描述"物质的哲学状态"，并试图改变它们。又如，塔罗纸牌为他一九三七年就在赴爱尔兰七周旅行前写的《新生存启示录》(*The New Revelations of Being*) 提供了基础；本书是他精神失常、结果被送回法国关进精神病院之前的最后一部著作。但是，所有这些已经有了公式化、图表化、已经成为历史化石的秘教均无法遏止住阿尔托脑海里活生生的诺斯替教想象的种种狂放。

只有让人寻根问底的东西才是有趣的东西。阿尔托的基本观念是粗糙的；给予其观念力量的是其自我分析的细致与雄辩，这在诺斯替教想象史上是空前的。人们第一次看到了诺斯替教主题在向前推进。阿尔托的著作是某个亲历过诺斯

---

① Rosicrucianism，该会系始于十七至十八世纪的秘密会社。——译者

替教思想轨迹者的首次完整记录，因而弥足珍贵。结果当然是可怕的分裂。

诺斯替教思想最后的避难所（历史上和心理上讲）就是精神病院。阿尔托从爱尔兰回到法国后，接下来有九年时间关在精神病院。证据（主要来自他写给罗德兹他两个主要的精神病医生——加斯东·费尔迪埃和雅克·拉特雷莫里哀的信件）表明他的思想完全遵循了诺斯替教程式。在这个阶段的狂想中，世界成了一个神奇物质和力量的大漩涡；他的意识成为天使与魔鬼、处女与妓女之间激烈斗争的戏剧。阿尔托还是未消除对身体的恐惧，他明显地将纯洁等同于拯救，将性等同于罪。正如阿尔托在罗德兹这段时间所做的细致的宗教思考可以看作偏执狂的隐喻一样，偏执狂也可以看作诺斯替教式苛责的宗教情感的隐喻。这个世纪有关疯子的文献具有丰富的宗教内涵——它们也许是真正的诺斯替教思考的最后原创地带。

一九四六年，阿尔托获准从精神病院出院。这时，他仍将自己看作魔力阴谋下的受害者、"社会"进行的一次肆无忌惮的行为的迫害对象。尽管精神分裂症对他的袭击已经消退，不足以摧垮他了，但是，他那些基本的隐喻仍旧保持完好。阿尔托在生命的最后两年，迫使其作出合乎逻辑的结论。

一九四四年，阿尔托还在罗德兹的时候，就写了一篇题为《反叛诗歌》("Revolt Against Poetry")的短文，概括了他对语言所怀有的诺斯替教式的怨怒。一九四六年，他回到巴黎，渴望回剧院工作，渴望恢复手势和演出的词汇；但是，在他所剩不多的时间里，他不得不让自己仅仅用语言讲话。阿尔托最后阶段的作品根本无法分类：有"信札"，同时又是"诗"、"随笔"、"戏剧独白"；这些作品给人的印象仿佛是一个人试图走出自身的皮肤。清晰的——如果也是兴奋的——段落与其中的词语被基本处理成物质（声音）的段落互相交错：它们具有一种神奇的价值。（对有别于词语意义的声音和形状的关注，是二十世纪三十年代阿尔托研究过的《光明篇典》①教导的一个因素。）从阿尔托对词语神奇价值的关注中，可以看出他为什么拒绝将隐喻当作其后期诗作表达意义的一种主要模式。他要求语言直接表达肉体的人类。诗人这个人在超越裸体，即在被剥皮的状态中出现。

在阿尔托走向不可名状的程度时，其想象力变得粗糙起来。然而，他最后的作品在它们越来越沉湎于身体、越来越明显地仇恨性这一点上，与早期作品是极为一致的；其中，与将身体精神化相提并论的，是相应地把意识性征化。阿尔托一九四六至一九四八年间所写的作品只是延伸了他在整个二十世纪二十年代使用的隐喻——精神作为决不为自身所

---

① Zohar，犹太教神秘教的经典，是对《摩西五书》的注疏。——译者

"占有"的身体，身体化为一种超凡的、痛苦的、光辉的精神。在阿尔托超越身体的激烈战斗中，一切最终都变成了身体。在他超越语言的激烈战斗中，一切最终都成了语言。阿尔托描述塔拉乌马拉印第安人的生活，将自然本身变成了一种语言。他在最后的作品中，对肉体和语言的憎恨达到了顶点——尤其表现在法国电台特约播放的广播剧《与上帝的审判决裂》里，该剧就在一九四八年二月计划播出的前夜遭禁。（一个月后，阿尔托去世前还在对该剧作出修改。）说话、说话、说话，阿尔托对说话——还有身体，表达了最大的厌恶。

在诺斯替教意义上所经历的不同阶段的超越意味着从传统意义上可以理解到从传统意义上讲不可理解的转变。诺斯替教思想特征即是追求一种摒弃清晰可辨的词语的狂喜的话语。（正是科林斯基督教会采纳了一种诺斯替教式的布道——"用不同的语言说话"——才使得教皇保罗在致科林斯人的第一封使徒书信中提出反对的。）阿尔托在生命的尽头，在诸如《阿尔托——一个愤世嫉俗的傻瓜》（*Artaud le Mômo*）、《这里安息着……》和《与上帝的审判决裂》的段落中使用的语言差不多就是超越了感官上才华横溢的、慷慨激昂的演讲。"一切真正的语言都是不可理解的，"阿尔托在《这里安息着……》中说道。他并非像乔伊斯那样，在寻找一种通用语言。乔伊斯的语言观是历史的、反讽的，而阿尔托的语言观则是医学的、悲剧的。《芬尼根守灵夜》中晦涩难解的部分下点功夫的话不仅可以解读，而且乔伊斯也希望它们被解读出来。而阿尔托后期作品中无法理解的部分，他是希望人们永远理解不了——而将它们直接当作声音来理解的。

诺斯替教的目标在于寻找智慧，但这一智慧却在无法理解、饶舌和沉默中将自身抵消掉了。正如阿尔托的生活所表明的那样，所有终结二元对立、追求在诺斯替教层面强度上统一意识的计划最后均注定归于失败；换言之，这些计划的实施者以社会所谓的发疯而告终，要不就是归于沉默，或者自戕。（一八八九年，尼采在都灵精神完全崩溃前几周写给朋友的格言式文章中，展望了完全统一的意识的前景，也是一个例子。）这样的计划超越了精神的界限。于是，尽管阿尔托依然不顾一切，重申他要努力将其灵与肉统一起来，其思路却已经暗含了对意识的消灭。在他最后这个阶段的作品中，来自其分裂的意识及其被摧残的身体的呼号达到了非人的强度和愤慨的极限。

✓　　✓　　✓

阿尔托是有文学史以来受苦最多的一个例子。他对自己的痛苦所做的描述极其剧烈且凄楚可怜，以致让读者完全受不了，于是，他们便想起阿尔托是个疯子因而认为这些描述与事实是有些出入的。

无论在何种意义上,阿尔托都是以成为疯子而告终,整个一生,他都是疯子。从青年时代中期开始,他就有被关在精神病院的历史——当时离一九二〇年,他在二十四岁时从马赛来到巴黎开始其艺术生涯还早着呢;很可能也早于这个时间,他开始吸鸦片,并且一辈子都离不开鸦片,这可能加剧了其精神紊乱的程度。由于缺乏能让大多数人神志清楚但相对少一点痛苦的救护知识——即里维埃尔所谓的"幸运的体验不透明性"和"事实的天真无邪"的那种知识——阿尔托一辈子都未能完全逃脱疯狂这一痛苦的折磨。但是,简单说一句阿尔托是个疯子——回到削弱性精神病学智慧——意味着排斥阿尔托所提出的观点。

精神病学严格区分艺术(一种"正常的"心理现象,呈现出客观的审美限度)与综合征;阿尔托要挑战的正是这个边界。一九二三年,阿尔托写信给里维埃尔,坚持提出其艺术的独立性问题,即尽管已公开宣称他的精神病病情恶化,尽管在他本人心里存在将他与别人隔开的"根本性缺陷",其诗作无论如何确实作为诗作存在,而不仅仅是心理记录。里维埃尔非常自信地回复说,尽管阿尔托精神痛苦,但他总有一天会成为优秀诗人。阿尔托改变立场,不耐烦地回答说,他希望能填平生活与艺术之间存在的鸿沟,这在他原先提出的问题,以及里维埃尔善意却又笨拙的鼓励中已经暗含。他下决心为他诗作的本来面目进行辩护——就是因为它们的优点恰在于它们并不像艺术的样子。

对阿尔托的反应，读者的任务不是要与里维埃尔有所区别——好像疯狂与清醒只能运用清醒本身的标准，即用理性的语言才能互相交流似的。神志清醒的种种价值并非是永恒的，也不是"自然的"，就像对于变成疯子的状态没有不证自明的、常识性的含义一样。某些人是疯子这样的认识是思想史的一部分，对疯狂下定义离不开对历史的考察。疯狂意味着不合情理——意味着说些不必认真对待的话。但是，这完全得看一种特定的文化如何界定情理与认真；历史上的定义可谓五花八门。所谓疯狂，指的是不能从一个特定的社会判断中被思考的东西。疯狂是设定了界限的一个概念；疯狂的边界决定了所谓"他者"的定义。疯子是这样一个人，即他的声音社会不想倾听，他的行为社会无法容忍，他应当受到管制。不同的社会运用不同的定义来界定疯狂（即什么叫不合情理）。但是，定义之间无所谓褊狭之分。现在苏维埃政府将政治犯关进疯人院这种行事方式引起人们强烈的愤慨，不过，这一愤慨在一定程度上是搞错了对象，因为这被视为苏维埃这样干不仅是一种恶行（这说对了），而且是错误地运用了精神病的概念；人们认为有一种通用、正确和科学的标准来判断一个人疯狂与否（如同在美国、英国和瑞典而非在摩洛哥这样的国家执行的那种心理健康政策）。这根本不对。所有社会对神志清醒和疯狂所下的定义都是武断的；从最为宏观的意义上讲，是政治性的。

对于疯狂的概念所具有的压抑性功能，阿尔托极其敏感。他视疯子为思想的英雄和殉难者，疯子自愿处于疯癫状态，在极端的社会（而非仅仅是心理）隔离的强势下显得孤立无助——他们经历了非同一般的对荣誉的思忖，决定与其在提出信念的时候放弃某种清晰、某种极度的激情，倒不如变成疯子。一九三九年四月，在他被关了九年的精神病院呆了一年半以后，他从维勒-伊夫拉尔德医院写信给雅克琳·布勒东。信中写道："我是个狂热者，我不是疯子。"但是，任何狂热假如不是一种集体狂热的话，那么，它便完全是社会所认为的疯狂。

对个性的专注一旦推向极致，疯狂就是其必然的结果。正如阿尔托一九二五年在《致疯人院医疗负责人的信》中所说的那样，"一切个人行为均是反社会的"。这是不受欢迎的真相，与资本主义民主或社会民主主义或自由社会主义的人文主义意识形态也许极不调和，但是，阿尔托是绝对正确的。行为无论何时变得足够个人化，客观上，它就变得反社会，而且，在他人眼里就是疯狂的。一切人类社会在这一点上具有共识，不同之处仅在于如何应用疯狂的标准，谁受到保护，或者，（出于经济的、社会的、性别的，或文化的特权等等原因）谁又部分地免于投入监狱的惩罚，这种惩罚对象基本的反社会行为表现在不合情理。

阿尔托作品中的疯子具有双重身份：他们既是最终的受害者，同时又是颠覆性智慧的拥有者。在写于一九四六年、原拟由伽利玛出版社出版的他的作品集前言中，他把自己描绘成一个精神上被剥夺了基本权利的人，他将疯子和失语症患者及文盲归为同类。在他最后两年写的作品中，他一再将自己定位在那些成了疯子的智力超常的人——荷尔德林、奈瓦尔①、尼采和凡·高——当中。就天才只是个人的延伸及强化这一点而言，阿尔托远比浪漫主义艺术家更为精确地指出天才与疯子之间存在着一种天生的类同。但是，尽管他抨击囚禁疯子的社会，肯定疯狂是一种深深的精神放逐的外在标志，他却从未认为精神失常具有什么解放人的作用。

他的一些著述，特别是早期的超现实主义作品，对于疯狂采取了一种更加肯定的态度。比如，在《总的安全：鸦片的液化》（"General Security: The Liquidation of Opium"）中，他仿佛在为精神和感官故意的失常行为（兰波曾这样为诗人的行当下定义）而辩护。但是，他始终在说疯狂是限制人的、毁灭性的，从他二十世纪二三十年代写给里维埃尔、阿伦迪医生和乔治·苏利耶·德莫朗的信札中，从一九四三到一九四五年间他在罗德兹写的信里，从他一九四七年从罗

---

① Nerval, Gérard de（一八〇八——一八五五），法国诗人、散文家。有组诗十二首十四行诗《幻景》。曾将《浮士德》第一部译成法文，深得歌德赞赏。一八五一年精神病复发，一八五五年自缢身亡。——译者

德兹出院几个月后写的一篇研究凡·高的文章中，都可以看出这一点来。疯子也许知道太多的真理，以至于社会要通过放逐这些不幸的先知来实施报复。但是，成为疯子也是无尽的痛苦，是一种需要超越的状态——阿尔托体验的正是这一痛苦，并要将之强加在读者身上。

通读阿尔托不啻为一种精神折磨。读者通过简化和改写他的作品来保护自己，这是可以理解的。要正确地解读阿尔托需要一种特别的精力、感悟力和技巧。这并非就是同意他的观点——那样未免太过肤浅了——甚至也不是站在中立的立场上"理解"他及其重要性。有什么需要同意的？除非我们已经身陷阿尔托被困的可怕状态，否则，我们又怎么可能同意他的观点？那些观点是在其处境所造成的无法忍受的压力下喷涌而出的。不仅他的立场站不住脚，事实上，那根本就不是什么"立场"。

阿尔托的想法是其独特的、萦绕不去的、无力的、聪慧到野蛮地步的意识的一个有机组成部分。阿尔托是伟大的、勇敢的意识尽头的地图绘制人之一。读懂他并不需要相信艺术能够提供的惟一真理只能是独特的、为极端的苦难证明是可信的真理。关于描写意识的其他状态——不那么具有独特癖性的、不那么昂扬的、也许同样深刻的状态——的艺术，希望只能够放弃总体真理，这是正确的。但是，在"写作"极限方面的特例——萨德是一个例子，阿尔托是又一个——

就需要采取一种不同的方法。阿尔托留下的是自我取消的作品，是超越想法的想法，是无法实施的种种倡议。这将读者置于何地？即使阿尔托作品的特性不允许它们被简单地处理成"文学"，它们仍旧是一大堆作品。还有一整套思想，尽管阿尔托的想法不允许人们同意——就如他那自我毁灭到攻击性很强的个性不允许人们认同一样。阿尔托让人惊骇不已，而且，他现在还在令人震惊，这不同于超现实主义者。（超现实主义者的精神远非是颠覆性的，从根本上讲，这一精神是建设性的，与人文主义传统完全吻合，他们在舞台上对资本主义特性的反叛也没有危险、不是真正反社会的行为。比较阿尔托的行为，他才真的不可能是社会的。）将他的思想当作便携式知识商品恰恰是这一思想明确禁止的。它是一次事件，而非一个物体。

不让读者同意、认同，或者利用，连模仿都不允许，他们所能做的惟有依赖灵感的范畴了。正如阿尔托在《衡量神经的尺度》中用大写字母来肯定的那样："灵感当然存在。"人们可以从阿尔托那里获得灵感。人们可以被他灼伤，可以被他改变。然而，却没有办法来复制他。

即使在戏剧领域（在这里，阿尔托的出现可以被纳入一种计划、归纳成一种理论），那些从阿尔托的观念中获益匪浅的导演的工作也表明，没有办法运用阿尔托而不失其真实面目。就连他本人也没有办法；根据各种流传的说法，他自己的舞台制作都远远未能达到其观念所要求的水准。对于与戏剧无关的许多人来讲——主要是怀有无政府主义思想的人，对他们来讲，阿尔托一直尤为重要——体验他的作品一直是非常私人的事情。阿尔托是一位为我们进行了一场精神之旅的人——一个萨满法师。如果将阿尔托旅行的地理降为可以被殖民的，那是极其专横的。其权威在于那些除了给读者以想象的极度不舒服以外什么都不给他们的部分。

阿尔托的作品变得适合我们的需要，但一旦我们运用，它们便即刻消失。等到我们厌倦于运用阿尔托，我们可以返回到他的作品。"舞台上的灵感，"他说道，"不应该让过多的文学掺和进来。"

所有的艺术，只要它们是在表达一种强烈的不满，旨在打破骄矜自满，便将会冒险，可能被缴械、被中立化、其让人不安的力量被耗竭，原因就在于它们被人钦羡，被（或者好像被）过度阐释，并变得重要。阿尔托作品的大多数一度是陌生的主题，在过去的十年里已成为热门话题：药物中能找到（或找不到）的智慧、东方宗教、魔术、北美印第安人的生活、肢体语言、疯人之旅，对"文学"的反叛、非语言艺术的战斗性，对精神分裂症的欣赏，艺术用作对观众的暴力行为，淫秽的必要性，等等。美国二十世纪六十年代反文化运动中差不多每一种主流时尚，阿尔托在二十年代就倡导过了（除了对喜剧作品、科幻小说和马克思主义的狂热），同样在二十年代，他读的东西——《死者的西藏书》(*Tibetan Book of the Dead*)，以及讨论神秘主义、精神分析学、人类学、塔罗纸牌、星相学、瑜伽、针灸的书籍——就像一套有先见之明的文学选集，最近已重新浮出水面，成为高层次青年人的流行读物。但是，阿尔托与当下的重要性可能会起误导作用，正如此前他的作品一直默默无闻一样。

阿尔托十年前仅在小圈子里为仰慕者所熟知，如今却成了经典人物。他是自愿成为经典的一个例子——一个文化企图同化他却根本消化不了他的作家。我们时代利用文学可敬重性的一种途径——也是文学现代主义复杂生涯一个重要的组成部分——是使一个无法无天的、本质上令人生畏的作家变得可以接受；该作家成为经典作家，是建立在对其作品有很多可以谈论的趣事的基础之上的，这些趣事几乎没有传递（甚至也许隐藏起）作品本身的真正性质，这些作品读起来，别的不说，可能会极其令人厌倦，或者在道德上惊世骇俗，要不然就是痛苦不堪。某些作家成为文学经典作家，或经典知识分子，是因为他们的作品没人阅读，因为在某些内在的方面，它们是不可阅读的。萨德、阿尔托和威廉·赖希即属此类。这类作家身陷囹圄，或被关在疯人院，因为他们尖叫，因为他们失控；他们没有节制，着魔于什么，吵吵嚷嚷，他们在没完没了地重复自己，你稍许引用和阅读一点他们的东西会获益；如果大量阅读，你就会被压垮、弄得精疲力竭。

像萨德和赖希一样,阿尔托也与我们有关,是可以理解的作家,他是一座文化丰碑,只要我们主要谈及他的观点而不去阅读很多他的著述。对所有通读阿尔托著作的人来说,他依旧遥不可及,依旧是一种无法同化的声音和存在。

[一九七三]

迷人的法西斯主义

I

第一件展品。这是莱妮·里芬斯塔尔的摄影集,内收一百二十六张精美的彩照。这当然是近年来各地出版的摄影集中最吸引人眼球的影集了。在苏丹南部难以征服的群山,生活着大约八千个远离人类、神一般的努巴人。他们是完美体格的象征,头很大,头型端正,剃掉了一部分头发,他们面部表情丰富,身上肌肉发达,体毛已刮去,有些伤疤;男人们身上涂抹了灰白色圣灰,他们在荒坡上或昂首阔步,或蹲着,或沉思,或摔跤。在《最后的努巴人》(*The Last of the Nuba*) 的封底,另有里芬斯塔尔精心设计的十二张黑白照片,同样的精美。照片上,人物的表情(从骚动的内心到路上大笑的得克萨斯主妇)是按时间先后来安排的,它们要阻止住那难以阻止的衰老的进程。第一张照片拍于一九二七年,当时,她二十五岁,已经是影星;最近的照片分别拍于一九六九年(照片上的她搂着一个光溜溜的非洲婴儿)和一九七二年(照片上的她扛着摄影机),两张照片都显露出一种完美的气质,一种像伊丽莎白·施瓦茨科夫①那样的永远的美貌,这样的美只会随着暮年的到来而变得更加快乐,更加光彩照人,同时也更加健康。护封上,有一段里芬斯塔尔的生平简介,以及一篇题为《莱妮·里芬斯塔尔是如何开始研究科尔多凡梅萨金努巴人的》的介绍文字(未署名)——其中充斥着令人感到不安的谎言。

这篇介绍文字详尽地讲述了里芬斯塔尔到苏丹的朝圣(文中提到,她在二十世纪五十年代中期看了海明威的《非洲的青山》以后深受鼓舞,"度过了一个不眠之夜"),介绍措辞精练地将这位摄影师称为"一个神奇人物,战前的电影人,快要为一个宁愿将其历史的一个时代从记忆中抹去的国家所遗忘"。一个模模糊糊的所谓"国家"因为某种未提及的原因"宁愿"做出遗忘"其历史的一个时代"(故意没有具体化)这样的令人感到可悲的懦弱行为,这样的寓言除里芬斯塔尔本人,(你指望)谁还能编得出来呢?想来,至少一些读者对这种含糊其辞地暗指德国和第三帝国的事情会感到震惊。

与这篇介绍文字相比,影集护封上对摄影师的生涯这一主题作了肯定性的展开,对里芬斯塔尔在过去的二十年间到

---

① Schwarzkopf, Elisabeth (一九一五——二〇〇六),生于德国的著名英国女高音歌唱家。——译者

处散布的错误信息照搬不误:

> 莱妮·里芬斯塔尔是在德国遭受破坏的重要的二十世纪三十年代一举成为国际著名电影导演的。她生于一九〇二年,最早从事的艺术是创造性舞蹈。这使她得以参与默片的拍摄,很快,她本人就开始制作——并主演——她自己的有声电影,比如《山》(一九二九)。
>
> 这些极为浪漫的制作广受赞誉,特别是获得阿道夫·希特勒的激赏,他一九三三年当权后,委托里芬斯塔尔为一九三四年召开的纽伦堡大会制作一部纪录片。

将纳粹时代描写成"德国遭受破坏的重要的二十世纪三十年代",将一九三三年发生的事件概括为希特勒的"当权",称里芬斯塔尔就像其同时代导演如雷诺阿①、刘别谦②和弗莱厄蒂③一样是"国际著名电影导演"(而其实她的大多数作品

---

① Renoir, Jean(一八九四——一九七九),法国导演,法国二十世纪三十年代"诗意现实主义电影"代表人物,主要作品有《幻灭》、《马赛曲》、《衣冠禽兽》、《游戏规则》等。——译者
② Lubitsch, Ernest(一八九二——一九四七),德国出生的美国电影导演,长于拍高档的喜剧片和宏伟的历史片。主要影片有《牡蛎公主》(一九一九)、《杜巴利夫人》(一九一九)、《温德米尔夫人的扇子》(一九二五)、《璇宫艳史》(一九三〇)、《风流寡妇》(一九三四)、《天堂可待》(一九四三)等。——译者
③ Flaherty, Robert(一八八四——一九五一),美国电影导演、制片人、纪录片先驱,代表作有拍摄爱斯基摩人生活的《北方的纳努克》及南海诸岛土著民族的《摩阿拿》等。——译者

在其拍摄的年代就被恰如其分地视为纳粹宣传品），这是需要有点创造性的人才做得到的。（这段文字是否出版商让莱妮·里芬斯塔尔自己写的？这样想可能不算厚道，因此让人感到有些犹豫，不过，她"最早从事的艺术是创造性舞蹈"这种句子没有几个母语是英语的人会这么写。）

其中涉及的事实当然是不准确的，要不就是捏造的。里芬斯塔尔不仅没有拍——也没有主演——什么叫做《山》（一九二九）的有声电影。这根本就是子虚乌有。更广泛地看，里芬斯塔尔并非一开始就参加默片的拍摄或演出，然后等到有了有声电影，她便开始自导自演。在里芬斯塔尔出演的九部影片中，她都是主演；这些片子中有七部不是她导演的。这七部片子为：《圣山》（一九二六）、《纵身一跃》（一九二七）、《哈布斯堡宫的命运》（一九二九）、《皮兹·帕吕的白色地狱》（一九二九）——以上均是默片，接下来是《雪崩》（一九三〇）、《白色疯狂》（一九三一）和《S. O. S. 冰山》（一九三二至一九三三）。除了一部以外，其余都是由阿诺德·范克导演的。一九一九年起，他执导的阿尔卑斯山史诗系列获得了巨大的成功，但里芬斯塔尔一九三二年离开他而自立门户以后，他仅仅又拍了两部片子，都是彻底的失败之作。（《哈布斯堡宫的命运》不是范克导演的片子，这是一部在奥地利拍摄的保皇党伤感片，里芬斯塔尔在其中扮演玛丽·维特塞拉，即鲁道夫王储在迈耶林的伴侣。似乎没有留下拷贝。）

范克为里芬斯塔尔提供的通俗瓦格纳式的渠道不只是"极为浪漫的"。这些影片拍摄的时候,无疑被看作非政治性的,现在回头看起来,正如齐格弗里德·克拉考尔[①]已经指出的,似乎是原始纳粹情感的集成。范克的片子中,登山是个视觉上无法抗拒的隐喻,喻指对一个既漂亮又可怕的高高在上的神秘目标所怀有的无限的追求,后来具体化为元首崇拜。里芬斯塔尔饰演的角色通常是一个狂野女孩,她敢于登攀别人——那些"山谷猪猡"——望而却步的山峰。她在默片《圣山》中第一次演电影,扮演了一位名叫迪奥蒂玛的年轻舞蹈演员的角色。一位狂热的登山者向她求爱,是他让她感到了攀登阿尔卑斯山所带来的狂喜。她扮演的该角色稳步变得越来越高大。在她的第一部有声电影《雪崩》中,里芬斯塔尔是个为山着迷、欲罢不能的女孩,她爱上了一个年轻的气象学家,一场风暴将他困在勃朗峰上的观察台,她把他救了下来。

里芬斯塔尔自己执导了六部片子,第一部《蓝光》(一九三二)又是一部山岳片。里芬斯塔尔同样在其中担纲主演。她演的这个角色类似于她在范克执导的片子中扮演并因而"广受赞誉,特别是获得阿道夫·希特勒的激赏"的那些人物,但是,她将范克处理得相当嘲弄的渴求、纯粹和死亡这些暗淡主题寓言化。与往常一样,山岳再现得出奇的美,也

[①] Kracauer, Siegfried(一八九九——一九六六),德国犹太人电影史家、理论家。——译者

特别的危险，那样的至高无上的力量呼唤着对自我的根本肯定和逃避——一并汇成勇气的手足之情并归于死亡。里芬斯塔尔为自己设计的角色是一个与一种破坏力量有着独特联系的原始人：只有琼塔这个衣衫褴褛、被村子遗弃的女孩能够到达从克里斯塔洛山山巅四射出去的神秘蓝光，而其他年轻村民受到蓝光的诱惑，试图爬上山顶，却都一一摔下山去，一命呜呼。最终造成女孩死亡的不是山岳所象征的目标的高不可及，而是心存嫉妒的村民注重物质的、平淡无奇的指导思想以及从城里好心来看她的情人所表现出的盲目理性主义。

继《蓝光》之后，里芬斯塔尔执导的不是"关于一九三四年纽伦堡大会的纪录片"——里芬斯塔尔拍了四部非虚构影片，而不是如她在二十世纪五十年代起一直声称的，也不像当今大多数为她一再所作的表白加以粉饰的报道那样，说是两部——而是《信仰的胜利》（一九三三），该片庆祝希特勒夺取权力后召开的第一次党代会。然后拍的是确实让她在国际上声誉鹊起的两部作品中的第一部，即关于第二次党代会的影片——《意志的胜利》（一九三五）（《最后的努巴人》护封上从未提到该片）；接着她为军队拍了个短片（十八分钟），即《自由的日子：我们的军队》（一九三五），赞美了战士之美以及为元首而入伍之美。（未提这部影片，并不让人感到惊讶，该片的一个拷贝一九七一年才找到；二十世纪五六十年代，里芬斯塔尔和所有人都相信《自由的日子》已经遗失，这样，她就把该片从其影片集锦中删除，并拒绝与采访者讨论它。）

护封上接着说：

> 里芬斯塔尔拒绝屈从于戈培尔的意图，后者希望她的想象力臣服于他提出的严格的宣传要求。结果，导致一场意志的较量，这一较量在里芬斯塔尔制作了一九三六年奥运会的片子——《奥林匹亚》后达到了白热化的程度。戈培尔试图销毁该片；最后，希特勒亲自出面干预，片子才终于得以保存下来。
>
> 二十世纪三十年代两部最杰出的纪录片出自她的名下，里芬斯塔尔继续根据自己的设想来拍片，与纳粹德国的兴起没有关涉，直到一九四一年，战争状态使她不可能继续拍摄为止。
>
> 她与纳粹领导人的相识使她在二战结束时遭到逮捕：她两次受审，又两次被宣告无罪释放。她名誉扫地，几乎已为人所遗忘——尽管对于整个一代德国人来讲，她的名字曾经家喻户晓。

除了她的名字在纳粹德国曾家喻户晓这一点外，上面这段话完全是失实的。任何人，只要看过《意志的胜利》这样一部构思本身就排除了该电影制作人能够拥有一种独立于宣传的美学构思的可能性的影片，那么，对他来说，认为里芬斯塔尔属于那种个人主义者-艺术家，藐视缺乏教养的官僚和资助人-国家的审查（戈培尔"希望她的想象力臣服于他提出的严格的宣传要求"），似乎都是一派胡言。开战以来，里芬斯塔尔便一再否认的事实是，她制作《意志的胜利》是利用了不受限制的设备和官方慷慨的合作（她这个电影人和德国宣传部长之间从来就未有过什么较量）。里芬斯塔尔的确如她在关于《意志的胜利》那本小书中谈到的那样，参与了大会的筹备工作——一开始就考虑弄成一个电影场景的摄影场。① 《奥林匹亚》分为两大部分，即《人民的节日》和《美的节日》，片长共三个半小时，根本就是官方制作。二十世纪五十年代以来，里芬斯塔尔在访谈中一直坚持认为《奥林匹亚》是国际奥委会委托她做的，该片在戈培尔的抗议声中由她自己的公司制作完成。实际情况却是，《奥林匹亚》是由纳粹政府委托并全部资助的（成立以里芬斯塔尔为名的傀儡公司，只是因为政府以制作人身份出现会被视为不

---

① 莱妮·里芬斯塔尔，《党代会—电影内幕》（*Hinter den Kulissen des Reichsparteitag-Films*）（慕尼黑，一九三五）。此书第三十一页有一张照片，照片上，希特勒和里芬斯塔尔正弯着腰，研究着什么计划；照片标题为"为党代会和摄影所作的准备同步进行"。大会于九月四日至十日召开；里芬斯塔尔说，她五月份开始工作，一个镜头一个镜头地策划，并检查精心设计的桥、塔和为摄影用的轨道的搭建情况。八月下旬，希特勒和纳粹德国冲锋队队长维克多·卢茨来到纽伦堡，"检查一下，并下达最后的指令"。整个拍摄过程中，她手下三十二名摄影师一直都穿着纳粹德国冲锋队制服，"这是参谋长（卢茨）的意思，这样，就没有人会因为着便装而影响到形象的严肃性"。党卫军则派出了一个卫队。

明智的举动），而且，在整个拍摄过程中都得到了戈培尔辖下的宣传部的支持[①]；关于戈培尔反对她拍摄美国黑人田径明星杰西·欧文斯[②]取得优异成绩的镜头这种听起来似乎可信的传奇同样是不真实的。里芬斯塔尔花了十八个月的时间做剪辑，及时完成制作，这样，就能赶在一九三八年四月二十九日这天在柏林举行片子的世界首映式，作为希特勒四十九岁生日庆典的一部分；那年晚些时候，《奥林匹亚》是德国入围威尼斯电影节的主要影片，并获金奖。

还有更多的谎言：说里芬斯塔尔"直到一九四一年为止，继续按照自己的设想拍摄影片，与纳粹德国的兴起没有关涉"。一九三九年，（作为沃尔特·迪士尼乐园的嘉宾结束对好莱坞的访问返回后）她就带领自己的摄制组，以穿军服的战地记者的身份，随着国防军开进波兰；但是，关于这一点，战后没有留下任何记录。继《奥林匹亚》以后，里芬斯塔尔只拍了一部片子，即《洼地》。这部片子一九四一年开镜，然后被中断，一九四四年（在纳粹占领的布拉格的巴伦多夫电影厂）继续拍摄，一九五四年完成制作。像《蓝光》一

[①] 见汉斯·巴克豪森（Hans Barkhausen）《里芬斯塔尔〈奥林匹亚〉拍摄史小注》，《电影季刊》秋季号（一九七四）。在过去几年间，美国和西欧电影杂志上对里芬斯塔尔好评如潮，赞扬有加，巴克豪森的文章是难得一见的有见地的持异议者。

[②] Owens, Jesse（一九一三——一九八〇），美国田径运动员，保持八点一三米跳远世界纪录达二十五年之久。一九三六年，在第十一届柏林奥运会上一人获一百米短跑、二百米短跑、四乘一百米接力赛和跳远四枚金牌。——译者

样,《洼地》也是将洼地或山谷的腐败与山岳的纯洁相对比,(里芬斯塔尔饰演的)主角又是一个漂亮的流浪者。里芬斯塔尔喜欢给人这样的印象,即在她作为虚构电影导演漫长的生涯中,她仅拍过两部纪录片,而事实上,她执导的六部影片中就有四部是为纳粹政府拍摄并由纳粹政府资助的纪录片。

将里芬斯塔尔与希特勒和戈培尔的工作关系和亲密接触描述成"与纳粹领袖的相识",这是不准确的。远远早于一九三二年,里芬斯塔尔就是希特勒的好友和伙伴;她也是戈培尔的朋友:里芬斯塔尔二十世纪五十年代以来一再声称戈培尔恨她,甚至说他有权干预她的工作,但是,没有证据可以证明这一点。里芬斯塔尔个人要进见希特勒不受限制,因此,她是德国电影导演中惟一一位不必对戈培尔宣传部辖下的电影局负责的导演。最后一点,说里芬斯塔尔战后"两次受审,又两次被宣告无罪释放",也是误导。实际情况是:一九四五年,她被盟军关押,时间不长,她(在柏林和慕尼黑的)两座房子被没收。审讯和出庭开始于一九四八年,断断续续进行到一九五二年为止,这一年她得到的判决是,"没有从事任何支持纳粹政权因而理应受到惩罚的政治活动", 是"非纳粹分子"。更为重要的是:不管里芬斯塔尔是否应该坐牢,关键的问题不是她与纳粹领袖的"相识",而是她作为第三帝国主要的宣传家所从事的活动,这才是争议所在。

《最后的努巴人》护封上的文字说明忠实地概括了二十

世纪五十年代里芬斯塔尔编造事实、为自己进行辩护的主要思路,这在她一九六五年九月接受《电影手册》记者采访时有最为充分的体现。采访中,她不承认其任何作品是宣传品,而称之为实况纪录片。"没有任何镜头是表演的,"谈及《意志的胜利》,里芬斯塔尔如是说,"一切都是真实的,没有掺假。没有任何倾向性解说词,原因很简单,根本就没有解说词。它是历史——纯粹的历史。"我们对"纪录片",对仅仅是"新闻报道",或者对"被拍成电影的事实"这样的东西根本没有藐视的意思,不会认为它们与她在论电影制作的书中所说的事件的"英雄风格"不相协调。①

---

① 如果还需要再来一份原始材料的话——因为里芬斯塔尔现在(在一九七二年八月接受德国杂志《电影评论》采访时)声称,《党代会—电影内幕》她一个字都未写,当时连看都没看过——那么,在一九三三年八月二十六日接受《民族观察家报》就她拍摄一九三三年纽伦堡大会的采访中,她作了类似的声明。

里芬斯塔尔及其辩护者谈起《意志的胜利》来,总好像这部片子是一部独立的"纪录片",他们经常谈到拍摄过程中遇到的一些技术问题,以证明她在党内领导层有敌人(仇恨她的戈培尔),似乎这些困难并非电影摄制过程中很正常的一部分。对里芬斯塔尔只是一位政治上清白的纪录片导演这一神话更为尽责的重演之一,是印第安纳大学出版社推出的《电影指南丛书》中的《〈意志的胜利〉指南》。作者里查德·梅拉姆·巴山姆在"前言"结束处表达了他"对里芬斯塔尔本人的感谢之情,她在数小时的访谈中非常合作,打开她的档案,供我研究用,对拙作表示出真正的兴趣"。是的,这本书第一章就是《莱妮·里芬斯塔尔与独立的压力》,主题是"里芬斯塔尔深信,艺术家必须不惜一切代价,独立于物质世界。在自己的生活中,她获得了艺术创作自由,但付出了沉重的代价",如此等等。对这样一本书,她会感兴趣的。

作为反驳,让我引证一段来源可靠的材料——阿道夫·希特勒(至少他此时此刻不会说他没写过)。希特勒在为《党代会—电影内幕》所写的短序中,将《意志的胜利》描述成"对我们的运动的权力与美所做的一次完全独特的、无与伦比的赞扬"。确实如此。

尽管《意志的胜利》没有解说词，但是，影片开头处的确有一段文字，盛赞大会为德国历史上的救世顶峰。不过，此开场白在表达方式上有倾向性的电影中当属最无创见的一种。它没有解说词，因为它不需要，原因就在于《意志的胜利》这出戏代表一种已经发生的现实巨变：历史变成戏剧。一九三四年党代会如何搬上银幕，部分地受制于拍摄《意志的胜利》的决定——具有历史意义的事件被用作一部电影场景，并将表现出获得了一部真正的纪录片的品格。确实，党的领导人在讲坛上的某些镜头受到损坏以后，希特勒下令重拍；几周后，在施佩尔搭建的摄影棚，施特赖歇尔、罗森贝格、黑塞和弗兰克在希特勒不在场又没有观众的情况下，演戏似的重新宣誓效忠于元首。（施佩尔在纽伦堡郊外为大会搭建了巨大的舞台，在《意志的胜利》片头字幕上被列为影片设计，这是完全正确的。）任何为里芬斯塔尔的电影辩护、认为它们是纪录片的人，如果说纪录片应区别于宣传片的话，都是天真的。在《意志的胜利》中，文献（图像）不仅是现实的记录，而且是现实已经被建构起来的一个理由，并最终取而代之。

✓　　✓　　✓

在开明的社会里，对被剥夺了公权的人进行平反，并不像《苏联百科全书》的再版那样，由某个官僚一锤定音，每次新版都会加进一些到当时为止不能提及的人物，然后平白无故地删除同样多或更多的人物。我们的平反要平和些，也含蓄些。并非里芬斯塔尔与纳粹有关的过去突然之间变得可以接受了，而只是随着文化之轮的滚动，它变得无关宏旨了。开明社会解决这类问题靠的是等待趣味的循环来消除争议，而非从上面印发一份冷却的历史副本。

美化莱妮·里芬斯塔尔纳粹糟粕的名誉势头越来越旺，这已经有一段时间了，但今年却达到了某种高潮。今年夏天在科罗拉多举行的由新影迷控制的一次电影节上，她是特邀嘉宾，报纸上、电视上，她又成为一系列充满敬意的文章和访谈的对象，现在则又出版了《最后的努巴人》。里芬斯塔尔近来一跃而为一座文化丰碑，这背后的推动力部分肯定是由于她是个女人的事实。一位同为女权主义者的著名艺术家制作的一九七三年纽约电影节宣传画，画上是一名金发美女，她的右胸部位是三个名字：阿涅斯、莱妮和雪莉。（即瓦尔达、里芬斯塔尔和克拉克。）对于不得不牺牲掉一个制作了大家均承认是一流影片的这位女性，女权主义者们将会感到一阵剧烈的痛苦。但是，对里芬斯塔尔态度的改变最大的力量源自在漂亮这一观念所拥有的方面更为丰富的新财富。

里芬斯塔尔的维护者现在包括先锋电影业内最有影响的声音，他们所采取的策略是称她向来关注美。这当然是里芬斯塔尔自己几年来一直坚持的观点。这样，《电影手册》杂志记者一上来就对里芬斯塔尔挑起话头，对里芬斯塔尔愚蠢地说，《意志的胜利》和《奥林匹亚》的"共同之处在于它们均赋予某种现实以形式，其本身就建立在某种形式观上。您在这种对形式的关注上能否看出什么特别德国的东西"？对此，里芬斯塔尔回答说：

> 我只能说一切美的东西对我都有一种自发的吸引力。是的：美、和谐。也许，对结构的关注、对形式的向往实质上就是非常德国的东西。但是，对这些东西我本人没有确切的了解。它来自无意识，而非来自我的知识……。你还要我说什么？任何纯粹现实的、生活片断的东西，那种普通、日常的东西对我都没有吸引力……。我着迷于美丽的、强大的、健康的、有活力的东西。我追求和谐。和谐产生的时候，我就开心。我相信，这样讲可以算是回答了你的问题了吧。

这就是为什么《最后的努巴人》在里芬斯塔尔的平反中是最后的、必要的一步。这是对过去的终极改写；或者，对于她的盟友来讲，这是对她始终是热衷于追求美的人而非可怕的宣传家这一点的权威的确认①。在这本做得很漂亮的书里，

---

① 《最后的努巴人》出版后，乔纳斯·梅卡斯（在一九七四年十月三十一日的《乡村之音》上）有以下赞语："里芬斯塔尔继续对人体的古典美表示赞美——抑或是一种寻找？她始于其电影中的寻找。她所感兴趣的是理想的、里程碑式的东西。"在一九七四年十一月七日的同一家报纸上，梅卡斯又写道："在这里，我要说出我对里芬斯塔尔拍摄的电影的最后评价，这就是：如果你是理想主义者，你就会在她的片子里发现理想主义；如果你是古典主义者，你就会在她的片子听到她对古典主义的颂歌；如果你是纳粹分子，你就会在她的片子里看到纳粹主义。"

有完美、高贵的部落的照片。护封上则是"我完美的德国女人"（希特勒这样称里芬斯塔尔）的数幅照片，她战胜了历史的冷落，一脸灿烂的微笑。

诚然，如果这本书署名不是里芬斯塔尔，那么，人们不一定会料到这些照片是由纳粹时代最有趣、最具才华，也最富成效的艺术家拍摄的。大多数翻阅过《最后的努巴人》的读者可能都会认为，这本书又是一本对正在消失的原始人深表惋惜之作——最杰出的例子仍旧是列维-斯特劳斯①论巴西的波洛洛印第安人的《热带的忧郁》，但是，如果仔细研究书中的照片，并将其与里芬斯塔尔撰写的长文结合起来看，那么，很显然，它们是其纳粹作品的继续。里芬斯塔尔的特别倾向表现在她对这个部落而非另一个部落的选择上：她将其描述成一个酷爱艺术的民族（人手一把里拉②），一个美的民族（努巴男子，里芬斯塔尔注意到，"拥有运动员的体格，这在任何别的非洲部落中都是罕见的"）；而且，他们"对精神的、宗教的关系的认识远远高于对世俗的、物质的事情的认识"，她坚持认为，他们的主要活动是仪式性的。《最后的努巴人》讲述的是一个关于原始主义的理想：这是

---

① Lévi-Strauss, Claude（一九〇八——二〇〇九），法国结构人类学大师，二十世纪人类学的集大成者。著有《亲属制度的基本结构》、《结构人类学》、《神话学》、《热带的忧郁》等。桑塔格《反对阐释》中的《作为英雄的人类学家》讨论的就是列维-斯特劳斯。——译者
② lyre，古希腊一种弦乐器。——译者

为一个生活在没有受到"文明"侵蚀的生活环境里并与之完全保持和谐的民族所作的肖像画。

里芬斯塔尔整个四部受委托而制作的纳粹电影——无论是关于党代会、国防军,还是关于运动员——都是对身体和团体的再生的礼赞,这一再生的获得均有赖于对一个具有不可抗拒魅力的领袖的崇拜。它们直接沿袭了她在其中担纲主演的范克的电影和她自己的《蓝光》的主题风格。攀登阿尔卑斯山的小说叙述的是对顶峰的向往、向粗犷和原始发起挑战并忍受其折磨的故事;它们涉及面对以山岳的雄伟壮丽为象征的权力所产生的眩晕感。纳粹电影是描述业已建立的共同体的史诗,其中,日常的现实通过狂喜的自控与谦卑而被超越;它们讲述的分明是权力的胜利。《最后的努巴人》是一首关于里芬斯塔尔称之为"被她领养的民族"的原始人行将灭绝的美和神秘权力的挽歌,是其法西斯宣传片三部曲中的第三部。

在第一组,即山岳片中,衣服穿得厚厚的人努力攀援向上,在严寒中证明着自己;活力即等同于身体上的磨难。在中间一组,即她为纳粹政府制作的电影,《意志的胜利》运用人数众多的群众集会的一个个广角镜头,穿插着一些突出的单独的激情场面,一种单个且完美的屈服的特写镜头:在温带,身穿制服、轮廓鲜明的队伍列队,重新列队,好像他们是在寻找一种完美的舞蹈动作的编排设计,以示忠诚。

《奥林匹亚》在她所有影片中视觉效果最佳（它运用了山岳片垂直航拍技术，同时也运用了《意志的胜利》中典型的平面动态效果）。在该片中，一个接一个衣着单薄的人拼命努力，他们追寻着胜利的狂喜，下面看台上一排排同胞向他们欢呼，一切都在仁慈的最高观众希特勒静静的凝视之下，希特勒出现在体育场，使得这一拼搏变得神圣起来。（《奥林匹亚》完全可以被称为《意志的胜利》，它强调胜利的来之不易。）在第三组，即《最后的努巴人》中，几乎全裸的原始人，等待着他们骄傲的英雄部落最后的磨难，等待着他们自己的濒临灭绝，照样在烈日下嬉戏、摆造型。

这是一个众神没落的时代。努巴社会中的中心事件就是摔跤比赛和葬礼仪式：优美的男子身体的生动搏击和死亡。按照里芬斯塔尔的理解，努巴人是一个由美学家构成的部落。如同涂抹成棕红色的马萨伊人[①]和所谓的新几内亚泥人[②]一样，努巴人在所有重要的社交场合和宗教场合，都在自己身上抹上灰白色的灰，这无疑是暗示死亡。里芬斯塔尔声称她到得"正及时"，因为这些照片拍完后几年，光荣的努巴人就被金钱、工作和服装腐蚀了。（很可能也被战争腐蚀了——这一点，里芬斯塔尔从未提及，因为她所关心的是神

[①] Masai，肯尼亚和坦桑尼亚的游牧狩猎民族。——译者
[②] Mudman，指用泥抹身并佩带奇形怪状土制面具以吓唬敌人的巴布亚新几内亚土著。——译者

话而非历史。苏丹那个地方十多年来内战不断,已经四分五裂,这场内战不用说肯定将新技术广泛传播,同时也弄得到处都是瓦砾。)

尽管努巴人是黑人,不是雅利安人,但是,里芬斯塔尔为他们所作的肖像却让人联想起一些纳粹意识形态更大的主题,即清洁的与含有杂质的、不受腐蚀的与被玷污的、灵与肉的、快乐的与苛刻的之间的对照。纳粹德国对犹太人的一个主要的谴责就是他们是都市的、知性的,是破坏性的、起腐蚀作用的"批评精神"的拥有者。一九三三年五月的读书篝火节是以戈培尔的叫嚣开场的:"极端的犹太唯理智论的时代业已终结,德国革命的成功再次赋予通往德国精神之途的权利。"一九三六年十一月,戈培尔以官方的身份提出禁止艺术批评的时候,那是因其具有"典型的犹太性格特征":将头脑凌驾于心灵之上、将个人凌驾于集体之上、将理智凌驾于情感之上。在后期法西斯主义的变形的讨论中,犹太人不再扮演亵渎者的角色。自封的"文明"本身是亵渎者。

高贵的野蛮人这一旧观念的法西斯主义版本显著的特征在于它对所有思考性、批评性,以及多元的东西均表示蔑视。与列维-斯特劳斯不同,在里芬斯塔尔有关原始德行的专题资料汇编中,受到赞美的几乎不是原始神话、社会组织,或者思考的复杂和微妙。努巴人在摔跤比赛中,因为表现出对肉体上的磨难的坚忍而受到颂扬,并因此团结一致;比赛中,努巴男子"搏击着、努力着",他们"肌肉发达",互相把对方摔倒在地,他们参赛,不是为了得到什么物质奖赏,而是"为了重新焕发部落的神圣活力"。里芬斯塔尔对努巴人这些方式的称赞,着实让人联想起法西斯主义表述。在里芬斯塔尔的描述中,摔跤和伴随摔跤的仪式将努巴人联结在一起。摔跤

> 是努巴人所有与众不同的生活方式的集中体现。……摔跤在比赛代表团的支持者中产生最富有激情的忠诚和情感上的参与;事实上,这些支持者包括了整个村里所有的"不参赛"者。……摔跤作为梅萨金和科朗戈人整个世界观的体现,其重要性再强调也不为过,它是看得见的、社会的世界对看不见的精神和灵魂的世界的表达。

里芬斯塔尔赞扬这样一个社会,在那里,身体技巧和勇气的展示、强者战胜弱者等等,在她看来,是共同体社会文化一个统一的标志——在这样的文化中,摔跤成功是"男人一生的主要目标",里芬斯塔尔好像几乎没有改变其纳粹电影中所宣扬的观点。她的努巴人肖像比她的电影更进一步描绘出法西斯主义理想的一个层面:在一个社会里,妇女只是生儿育女者和帮手,她们没有任何仪式上的用处,而且代表着对

男人的品格和力量的一种威胁。从"注重精神的"努巴人（里芬斯塔尔所谓的努巴人当然是指男性）的观点来看，与妇女接触是亵渎神灵的行为，但是，这被视为一个理想的社会，妇女知道自己的位置：

> 摔跤手的未婚妻或妻子与他们一样，想着避免任何亲密接触……她们作为强壮摔跤手的新娘或妻子所感到的骄傲取代了性爱。

最后一点，努巴人把"死亡只是当作一种命运——对这种命运，他们坦然接受，不去反抗"，在这一社会中，最热情也最铺张的仪式是葬礼。死者万岁①。里芬斯塔尔选择这样一个民族、这样一个社会作为自己拍摄的对象，可以说是选对了。

✓　　✓　　✓

揪住《最后的努巴人》不放，不将它从里芬斯塔尔的历史中一笔勾销，这似乎有点儿忘恩负义、过于苛求了，但是，从她作品的连续性中可以学到一些有益的东西，正如从为其平反这一最近发生的有趣同时也是无法平息的事件中可

---

① 原文为 Viva la muerte。——译者

以获益一样。其他成为法西斯主义分子的艺术家，比如塞利纳①、贝恩②、马里内蒂和庞德（那些在他们的才能衰退时拥抱法西斯主义的帕布斯特③、皮兰德娄、汉姆生④之辈就更不用说了），他们的生涯与里芬斯塔尔比起来，毫无教育意义。因为里芬斯塔尔是惟一一位完全吻合于纳粹时代、其作品不仅在第三帝国时期，而且在其垮台三十年后依然一直系统地阐明法西斯主义美学的诸多主题的重要艺术家。

法西斯主义美学包括，但远远超越了《最后的努巴人》中可以发现的对原始人所作的相当特殊的赞赏。更笼统地说，法西斯主义美学产生于对控制、屈服的行为、非凡努力以及忍受痛苦的着迷（并为之辩护）；它们赞同两种看似相反的状态，即自大狂和屈服。征服与被征服的关系以典型的盛大庆典的形式表现出来：群众的大量聚集；将人变成物；物的倍增或复制；人群/物群集中在一个具有至高无上权力的、具有无限个人魅力的领袖人物或力量周围。法西斯主义的戏剧表演集中在强权与其傀儡之间的狂欢交易，他们身穿统一的制服，人数呈现出不断膨胀的势头。其编舞术在不断

---

① Céline, Louis-Ferdinand （一八九四——一九六一），法国小说家，主要作品有《长夜漫漫的旅程》（一九三二），发表过反犹太的文章。——译者
② Benn, Gottfried （一八八六——一九五六），德国诗人和杂文作家。——译者
③ Pabst, G. W. （一八九五——一九六七），奥地利电影导演。——译者
④ Hamsun, Knut （一八五九——一九五二），本名为 Knut Pedersen，挪威作家。一九一七年以发表《土地的成长》（三部曲）而闻名，并因此于一九二〇年获诺贝尔文学奖。——译者

的变幻与定格的、静止的、"雄性的"造型之间来回切换。法西斯主义艺术歌颂服从，赞扬盲目，美化死亡。

这样的艺术并非局限于标为法西斯主义者的作品，也不仅仅包括法西斯政府控制下制作的艺术品。（仅以电影为例，沃尔特·迪士尼的《幻想曲》，巴斯比·伯克利的《大伙儿都在》和库布里克的《二〇〇一》都是显例，均包含了法西斯主义艺术某些形式结构和主题。）当然，法西斯主义艺术特征在共产主义国家的官方艺术中孳生，并总是在现实主义的旗帜下呈现自己，而法西斯主义艺术推崇"理想主义"，嘲弄现实主义。对纪念碑式的东西和对群众服从英雄表示欣赏是法西斯主义和共产主义艺术共同的特征，反映了一切极权主义政权的理念，即艺术具有使其领袖和教义"变得不朽"的功能。使运动变得具有宏大、严格的形态则是又一共同点，因为这样的编舞术排练出政体的统一本身。群众只是去列队，去充当装饰品而已。因此，大规模的类似运动员般的游行，身体编排好的展示，是所有极权主义国家的一项颇有价值的活动；此外，东欧国家里现在极为流行的体操艺术，也令人联想起法西斯主义美学不断表现出的特征；力量的克制或限制；军事化般的一丝不苟。

在法西斯主义和共产主义政治中，意志公开地体现在领袖和合唱团的戏剧舞台上。国家社会主义①制度下政治与艺术的关系有趣之处不在于艺术从属于政治需要,因为无论是右翼独裁还是左翼独裁都是这种情况,而在于政治盗用了艺术——处于后期浪漫主义阶段的艺术——的辞令。(政治是"现存最高同时也是最具有综合性的艺术",戈培尔一九三三年说道:"我们这些现代德国政策制定者自感自己就是艺术家……艺术和艺术家的任务(就是)成形,赋予形式,移开死去的人/物,并为健康的人们创造自由。")国家社会主义制度下的艺术的有趣之处在于那些使其成为极权主义艺术一个特殊变体的种种特征。苏联这样的国家的官方艺术旨在阐明和加强一种乌托邦式的道德。法西斯主义艺术展示出一种乌托邦式的美学——完美的身体美学。纳粹统治下的画家和雕塑家常常表现裸体,但是,禁止他们去展示身体的种种瑕疵。他们创作的裸体看上去类似于健美杂志上的照片,即那些既伪装成非色情的又(在技术层面上)极其黄色的裸照,因为他们就此获得了一种幻想的完美。必须指出,里芬斯塔尔对健与美的提升要比此复杂得多,而且从来都不像其他纳粹视觉艺术那样平庸。她欣赏很多种身体类型——她在美的事情上不是一个种族主义者——在《奥林匹亚》里,在表现程式化的、似乎毫不费力的努力(比如在片中最精彩的

---

① 即纳粹主义。——译者

跳水镜头中）的同时，她也确实做出了某种努力，来表现其与完美同在的种种不完美之处。

共产主义国家的官方艺术表现出与性无关的纯洁，与此形成对照，纳粹艺术既是色情的，又是理想化的。乌托邦美学（身体的完美、作为生物事实的本体属性）意味着一种理想的色情：性的内容被转变为领袖的个人魅力以及追随者的欢愉。法西斯主义理想就是将性的能量转变成一种有益于群众的"精神的"力量。好色之徒（即妇女）总表现为一种诱惑，而最令人钦佩的反应就是在性冲动面前方寸不乱。于是乎，里芬斯塔尔对努巴人的婚姻一反他们奢华隆重的葬礼而没有任何仪式或者宴请作了解释：

> 努巴男子最大的欲望不是与女子结婚，而是成为优秀的摔跤手，由此肯定节制的原则。努巴人的舞蹈仪式不是贪图感官享乐的场合，而是"纯洁的节日"——抑制生命力的节日。

法西斯主义美学建立在抑制生命力的基础之上；行动受到限制、控制、克制。

纳粹艺术是一种反动，它目空一切，游离于这个世纪主流艺术成就之外。但正因为如此，它在当代人的趣味中却已经占据了一席之地。左派人士在法兰克福组织了当代纳粹绘画和雕塑展（战后第一次），他们沮丧地发现，前来观看展览的人数多得出奇，却根本不像他们所期待的那样神情肃穆。即使一边是布莱希特的劝谕作品，一边是集中营照片，纳粹艺术所提醒观众的却是三十年代的其他艺术，特别是装饰派艺术①。（新艺术绝不可能是法西斯主义风格；相反，它是法西斯主义定义为颓废的那类艺术的原型；法西斯主义风格在装饰派艺术中体现得最为充分，这种艺术作品线条分明、材料的组合丝毫不经琢磨，其中的色情则是丧失活力的。）阿尔诺·布雷克尔——希特勒（有一阵子也是科克托）最喜欢的雕塑家——的古铜色巨像和约瑟夫·托拉克的巨像中所贯彻的美学理念同样体现在曼哈顿的洛克菲勒中心前面肌肉僵化的阿特拉斯②身上，类似的例子还有费城三十街火车站那里为纪念一战中阵亡的美国步兵而立的有点粗俗的纪念碑。

对于德国头脑简单的公众来讲，纳粹艺术的魅力也许在于它简单、形象，是感性而非智性的；它让人摆脱了现代主义艺术那种费劲才能理解的种种复杂性而感到一身轻松。对于头脑复杂些的观众来讲，其魅力部分地来自于一种狂热，

---

① Art Deco，一种起源于二十世纪二十年代、流行于二十年代和六十年代后期的装饰艺术和建筑艺术风格，以轮廓和色彩明朗粗犷、呈流线型和几何型为特点。——译者
② Atlas，希腊神话中以肩顶天的巨神。——译者

这一狂热目前致力于恢复过去的所有风格，尤其是最受公众嘲讽的风格。但是，在新艺术、前拉斐尔派绘画、装饰派艺术的复兴之后，纳粹艺术的复兴几乎不可能。绘画和雕塑不只是一味地说教；它们作为艺术品贫乏到令人吃惊的程度。但是，正是这些特点才使得人们带着会心的超然，以讥笑的心态视纳粹艺术为波普艺术①的一种形式。

人们在纳粹时代制作的一些艺术作品中能够看到业余和天真的成分，里芬斯塔尔作品中没有这种东西，但是，她的作品依旧提升了许多同样的价值观。同样的现代感受力也能提高她的价值。大众世故的反讽铺平了审视里芬斯塔尔作品的一种道路，借此，不但其作品的形式美，而且其中所体现出的政治狂热都被视为一种过度审美。伴随着对里芬斯塔尔作品所作的这种超然的欣赏而来的，是对赋予其作品以力量的题材本身的一种反应，不管这一反应是有意识的，还是无意识的。

《意志的胜利》和《奥林匹亚》无疑是一流的影片（它们或许是迄今为止两部最伟大的纪录片），但是，作为一种艺术形式，它们在电影史上并非真正重要。今天，没有电影人提到里芬斯塔尔，而许多电影制作人（包括我本人）都认为吉加·维尔托夫在电影语言方面永远都是一种激发，一个灵感源泉。但是，有一点可以讨论，即维尔托夫这位纪录片

---

① Pop Art，通俗艺术，指一种以滑稽漫画、食品罐头、路牌招贴等日常物件为题材，有时还将实物直接置于作品中的现代艺术潮流。——译者

方面最重要的人物是否真的从未拍摄过如同《意志的胜利》或《奥林匹亚》这样效果一流、扣人心弦的片子。（当然，维尔托夫绝没有里芬斯塔尔可随意使用的那些设备。二十世纪二十年代和三十年代初，苏联政府在宣传片方面的预算远不如纳粹德国那样充足。）

在对待左翼和右翼的宣传艺术上，人们使用了双重标准。几乎没有人会承认维尔托夫后期的影片和里芬斯塔尔的影片对情感的处理给观众带来了类似的兴奋。大多数人在解释他们受到感动的原因时，说到维尔托夫的片子，就很动情，而谈到里芬斯塔尔，便不讲真话。这样，维尔托夫在他全世界的影迷身上就激发起很多的道德同情心；人们心甘情愿地受感动。对里芬斯塔尔的片子，人们采取的策略是滤除其电影中有害的政治意识形态，只保留它们的"美学"优点。对维尔托夫的影片的夸奖总是以一种了解为先决条件，即认为他是位有魅力的人，一位睿智的、有创见的艺术家——思想家，最终毁在他效忠的独裁者手里。维尔托夫（正如爱森斯坦和普多夫金一样）拥有的当代观众大多数都认为苏联早期的电影宣传家都在阐释一种高贵的理想，不管这一理想在实际过程中有多少被出卖。但是，对里芬斯塔尔的夸奖就没有以上的认识来帮忙了，因为人们——连为她平反的人也一样——连使她变得让人喜欢都未能办到；而且，她根本就不是什么思想家。

更为重要的是，人们一般认为，国家社会主义仅仅代表残忍和恐怖。但这与实际情况不符。国家社会主义——从更广泛的范围上讲，法西斯主义——也代表着今天在其他旗帜下坚持追求的一种，或者更确切地讲，多种理想：生活的理想作为艺术，对美的狂热，对勇气的盲目崇拜，异化在群众性狂喜中的消失；对知识界的拒斥，（领导人家长身份下的）男人的家庭，等等。对于许多人来说，这些理想是生动感人的，如果认为人们受到《意志的胜利》和《奥林匹亚》的影响仅仅是因为这两部片子是由天才电影人制作的，那么，这是不诚实的、也是多此一举的看法。里芬斯塔尔的片子至今仍旧给人留下深刻印象，原因多种多样，其中之一就是人们今天仍旧怀有片中所表现的渴望，这些片子的内容说的是一个浪漫的理想，许多人仍然把自己与这一理想联系在一起，并以各式各样的文化异议的方式和文化宣传为新的团体表现出来，如青年文化/摇滚文化、被压抑情绪释放疗法①、反传统精神病学②、第三世界追随、神秘信仰，等等。群众的异常兴奋并不能排除寻找绝对领导的可能，相反，它也许会不可避免地导致这一寻找。（并不让人感到惊讶的

---

① primal (scream) therapy，通过重温妨碍个性健康发展的经历，使患者释放受压抑情感的一种疗法，也称尖叫疗法。——译者
② anti-psychiatry，试图将存在主义、心理分析及社会学的概念应用于精神病治疗的一种精神病学。——译者

是，现在拜倒在领袖脚下、屈从于极为畸形的专横规定的年轻人当中，相当多的人二十世纪六十年代曾是反独裁主义者和反杰出人物统治论者。）

里芬斯塔尔目前的非纳粹化以及为自己所作的辩护，称自己是美的不屈不挠的女祭司，是电影人，现在又是摄影师，她并未料到目前在我们中间能够发现法西斯欲望的厉害程度。里芬斯塔尔几乎称不上是那种通常意义上的美学家或者人类学意义上的浪漫主义者。她的作品力量就在于其政治观和美学观的连续性，因此，有趣的事情是，这一点以前要比现在看得清楚得多，现在，人们声称他们被里芬斯塔尔的图像所吸引，那是因为它们创作得很美。缺乏一种历史视角，这样的鉴赏便为一种极为漫不经心的对各种各样毁灭性情感的宣扬铺平了道路。对于这些情感的涵义，人们不愿意去多加考虑。当然，在一定的程度上，大家都清楚，在像里芬斯塔尔所制作的艺术作品中，人们争论的东西要超出美的范畴。因此，人们在"两面下赌注"——一方面，为了这一艺术所具有的无可争议的美而去称赞它，另一方面，又以一副神气十足的样子对付它，因为它对美伪善的提倡。支撑这一极为挑剔的形式主义欣赏的是一种欣赏的更大的保留，那种坎普①感受力，而这一坎普的解放得归功于很大程度上的

---

① 参见桑塔格《反对阐释》中的《关于"坎普"的札记》（Notes on "Camp"）。——译者

严肃性的顾虑：现代感受力依赖于不断在形式主义方法和坎普趣味之间保持平衡。

激发起法西斯主义美学主题的艺术现在受到青睐，对大多数人来说，它很可能只是坎普的一种变体。法西斯主义可能仅仅是时髦的，也许，伴带着趣味，那不可抑制的杂乱的时尚将会拯救我们。但是，对趣味所作的判断本身似乎不是那么单纯。十年前，作为少数人的趣味或敌对趣味似乎非常值得为之辩护的艺术，今天看起来，似乎再也不值得了，因为它提出的道德问题和文化问题已经变得严肃，甚至危险起来，当时还不是这样。真实情况是，在高雅文化中可以被接受的，到了大众文化里就不能被接受，只提出无关紧要的道德问题作为少数人的一种特质的那些趣味，一旦为更多的人所接受，便蜕变为一个让人腐败的因素。趣味是语境，而语境已经发生了变化。

II

第二件展品。这里有本书，你可以在机场报亭和"成人"书店买到。这是一本比较便宜的平装本，不是摆放在咖啡桌上像《最后的努巴人》那种吸引艺术爱好者和思想正统者[①]

---

① 原文为 bien-pensant。——译者

的贵重物品。但是，这两本书的共同之处在于它们对道德起源的某种共同价值观——一种根深蒂固的沉迷——处在不同演变阶段的同样的沉迷，与《党卫军制服》（*SS Regalia*）背后那种更粗糙也更有效的观念相比，激活《最后的努巴人》的思想还未能完全超出道德狭隘的天地。尽管《党卫军制服》由英国人编辑，令人敬重（书前有三页有关历史的序言，书后附有注释），但是，人们知道，本书的吸引力不在于学术而在于性。封面已经清楚地表明了这一点。在一个党卫军袖章的大大的黑卐字饰上，是一个黄色斜纹条，上面印着"一百多张精美的四色版照片，仅售两点九五美元"。与标了价、做在色情杂志封面上的招贴广告一样，这种广告一半是调侃，一半是为了对付审查制度，遮住了模特儿的私处。

人们通常对制服怀有一种幻想。制服暗示着团体、秩序、身份（身份的表示依靠的是军衔、徽章、勋章，以及那些表明穿制服的人是谁，他又做了什么事的东西：其价值得到了承认）、能力、合法的权威以及合法的使用暴力。但是制服与制服照片不是一回事儿——制服照片是色情材料，党卫军制服的照片则是构成一种特别有力、传播颇广的性幻想的组成单位。为什么是党卫军？因为党卫军是一种理想的化身，代表着法西斯主义关于暴力的正义性，即有权征服他人，并将其完全视为绝对低人一等的人的这一公开主张。是在党卫军身上，这一主张似乎才显得最完整，因为党卫军以一种非同寻常的残暴且有效的方式将之付诸行动；因为他们将自己与某种美学标准联结起来从而使之戏剧化。党卫军是作为一种精锐军团而建立起来的，它不仅是最高的暴力，而且是最高的美。（人们不可能看到一本书名为《纳粹德国的冲锋队》的书。党卫军所替代的冲锋队并不比其继任少残暴多少，然而，他们是以壮实的、矮胖的、啤酒店那种形象被载入史册的，他们不过是褐衫党徒[①]，如此而已。）

党卫军制服时髦、做工考究、有点怪异（但不太厉害）。试与极其乏味、做工粗糙的美国军装比较：夹克衫、衬衫、领带、短裤、短袜、系带的鞋子——不管饰以多少勋章、徽章，这种军装基本上也就是便服而已。党卫军制服就不同了。它们紧身、沉甸甸的、笔挺，包括控制手的手套和让腿脚感觉沉重有力、被裹住的皮靴，穿上这样的靴子，人只能站得笔直。正如《党卫军制服》封底所解释的那样：

> 制服是黑色的，这种颜色在德国有重要的涵义。在制服上，党卫军以各种各样的饰物、象征物、徽章，从领口的神秘符号到象征死亡的骷髅，来区别军衔。这看上去既具有戏剧性，又令人感到恐惧。

---

① brownshirts, 纳粹德国的冲锋队员。——译者

土星照命

封面抛出的吊人胃口的诱饵,让人对书中大多平庸的照片没有多少心理准备。给党卫军士兵发了那些著名的黑色制服,同时还发给他们看上去和美国军队发的差不多的那种卡其军装、迷彩雨披和夹克。除了制服照片,还有领徽、袖章、Ⅴ形臂章、皮带扣、纪念章、团标、号旗、野战帽、战役勋章、臂章、通行证、出入证等等占了许多页的篇幅,这些物品上多半没有那个臭名昭著的符号,也没有骷髅;全都详细地标明了军衔、部队,以及分发的年代和季节。所有这些照片的平淡无奇完全说明了那种形象的力量:人们翻看这些照片,手里拿的仿佛是性幻想大全。幻想要有深度,必须有细节。譬如,一个党卫军中士一九四四年春从特里尔去卢卑克,他需要持什么颜色的通行证?我们得看到所有的文件证据。

如果说,法西斯主义的寓意已经被一种美学人生观中性化,那么,其服饰则已经性欲化了。法西斯主义的这一色情化可以在以下迷人的、虔诚的作品中看出,如三岛由纪夫[1]的《假面自白》以及《太阳和钢》,又如电影《天蝎座的升起》(肯尼思·安格)和最近发行的、乏味得多的《被诅咒的人》(维斯康蒂)和《夜间守门人》[2](卡瓦尼)。法西斯

---

[1] Mishima, Yukio(一九二五——一九七〇),日本小说家。《假面自白》描写一个青年的"性的觉醒"的故事。——译者
[2] 意大利导演莉莉亚那·卡瓦尼(Liliana Cavani)一九七四年创作的、曾被认为是当时欧洲最大胆的电影,该片的主题是战争与人性。——译者

主义严肃的色情化必须区别于一种复杂的文化恐惧操纵，后者有一种作秀的成分。罗伯特·莫里斯为他最近在卡斯特利美术馆的作品展所制作的宣传招贴是一幅艺术家的照片，上身赤裸，架副墨镜，头戴像纳粹头盔那样的东西，领结尖硬，一根粗壮的链条将领结与戴着手铐、高高举起的双手连在一起。据说，莫里斯考虑过这张照片是惟一还能有点震惊力量的形象了：对那些想当然地认为艺术是一系列不断花样翻新的引人注目的姿势的人来说，这是一种独特的优点。但是，这个招贴的意义在于其本身的否定。在一定的语境中让人震惊同时也意味着使其学会适应，正如纳粹材料进入能被用于波普艺术那些讽刺性评论的流行图像的大储备之中那样。当然，纳粹主义吸引人的方式，有别于通过大众感受力保留的其他图像（从毛泽东到玛丽莲·梦露）。无疑，对法西斯主义发生的普遍兴趣中，有一部分可视为好奇心所致。四十年代初以后出生的人被有关共产主义的利弊的无谓讨论折腾到现在，对他们来讲，代表新异的、未知的是法西斯主义——这是他们父辈嘴里的一大谈资。另外，还有年轻人当中对于恐怖、对于非理性普遍的着迷。讨论法西斯主义历史的课程，和讨论神秘主义（包括吸血鬼迷信）的课程一起成为一所所大学课堂里听课人数最多的科目。此外，法西斯主义明显的性吸引（《党卫军制服》以毫不掩饰的坦率表明了这一点）对于由于讽刺或过于熟悉而感到的无聊来讲是必不可少的内容。

在全世界范围,尤其是美国、英国、法国、日本、斯堪的纳维亚国家、荷兰和德国,所有色情文学、电影和精巧的小玩意儿中,党卫军都已成为性冒险的所指对象。离经叛道的性意象大都已经被置于纳粹主义的标志下。皮靴、皮件、铁链、胸前挂的闪亮的铁十字勋章,卐字符,还有肉钩①和重型摩托车,已经成为色情主义秘密的、最值钱的装备。在性商店,在浴室,在皮装酒吧,在妓院,人们正在掏出自己的家伙。但是,为什么?为什么纳粹德国这个性压抑的社会竟会变得色情?一个迫害同性恋的政权反倒成为激发起男同性恋欲望的地方?

法西斯主义头目本身对性隐喻非常偏爱,这是原因之一。希特勒像尼采和瓦格纳一样,认为领导就是对"阴性的"群众的性征服,就是强奸。(《意志的胜利》中群众脸上是一种极度欢愉的表情;领袖使人群达到性高潮。)左翼运动在意象上倾向于单性和无性。右翼运动不管它们造成的是多么清教徒式的、压抑的现实,它们都有一个色情的外表。当然,纳粹主义比共产主义来得"性感"(这不是纳粹的功劳,而是显示了性幻象的性质和局限)。

当然,大多数因党卫军制服而感到激动的人并非是在赞

---

① 用来在杀人室固定受害者。——译者

同纳粹的行径，如果说他们真的对纳粹的所作所为略知一二的话。然而，他们内心却涌动着有力的、不断高涨的性的感觉，即通常所谓的施虐-受虐狂心理，这种心理使得扮演纳粹主义者的角色看上去是色情的。在同性恋和异性恋中能够找到这种受虐-施虐幻想和实践，尽管是在男同性恋当中，纳粹的色情化最为明显。施虐-受虐而非乱交群交是过去几年里的一大性秘密。

施虐-受虐狂与法西斯主义之间有着天然的联系。正如热内①所说，"法西斯主义是一出戏。"施虐-受虐狂的性也是：参与施虐-受虐即意味着参加一出性戏演出，也即性的舞台演出。施虐-受虐性欲狂老手是演员，也是服装和编舞行家，他们演这出戏，因为普通人是禁止的，所以，戏便显得格外叫人兴奋。施虐-受虐狂对于性来讲就如战争对于平民生活一

---

① 是热内在小说《殡仪队》里提供了展示法西斯主义在非法西斯主义分子身上施展性诱惑的最早的文本之一。另一处描写出自萨特的笔下，他很可能是从热内那里听来的，因为他本人不可能怀有他描写的这些情感。萨特在《自由之路》四部曲的第三部，即《心如死灰》（一九四九）中，写到他的一个主人公目睹了一九四〇年德国军队挺进巴黎的情景。"（达尼埃尔）不感到害怕，他充满信任感，面对那几千双眼睛，心里说着'我们的征服者啊！'高兴极了。他直勾勾地盯着他们，欣赏着他们漂亮的头发，他们的脸晒得黑黑的，一双双眼睛看上去就像冰湖一样，他们身材瘦削，屁股长得令人难以相信，肌肉紧绷绷的。他喃喃自语：'他们有多英俊呵！'……有东西从天而降：它就是古老的法律。法官的社会崩溃了，判的刑撤除了；那些身穿卡其军装的鬼似的小士兵，那些人权的维护者，被击溃。……一种难以忍受的、美妙的感觉流遍他的全身；他几乎无法好好地看；他气喘吁吁，一遍又一遍地絮叨'好像是黄油——他们进入巴黎，就像它是黄油。'……他多么希望自己是个女的，可以把花撒向他们。"

样:都是一种壮观的体验。(里芬斯塔尔曾经有言:"对纯粹现实主义的、生活的片断,平常、日常的东西我不感兴趣。")正如社会契约与战争相比显得驯良一样,性交与口交变得只是不坏而已,因此不能令人兴奋,一切性事,正如巴塔耶在一辈子的著述中坚持认为的那样,终归于玷污、亵渎。要"不坏"就如要文明一样,意味着脱离这种野蛮的体验——完全上演的野蛮体验。

当然,施虐-受虐狂不只是意味着人们对性伙伴的伤害——这是总在发生的事情,而且通常意味着男人狠揍女人。永远喝得烂醉的俄罗斯农夫痛打妻子,他们只是在做他们想做的事情(因为他郁闷,他压抑、麻木;也因为遭殃的妻子就在身边)。但是,妓院里的英国男人一直在被鞭打,这便是在重新塑造一种体验。他付钱给妓女,让她和他上演一幕戏,帮他重演过去,或勾起对过去的回忆——重新体验一下他在托儿所或学生时代的生活,这些体验现在为他积聚了很大的性能量。而今,人们在性的戏剧化过程中联想起的可能就是纳粹的过去,因为从这些意象(而非记忆)中,人们希望释放一种储藏的性能量。法国人所谓的"英国恶行"也许倒可以说成是某种以艺术方式对个性加以肯定的东西;毕竟,短剧指涉主体自己的个案历史。对纳粹军装的迷恋说明了某种极其不同的东西:一种对压抑的性选择(及其他事情)自由、对个性发展到无法忍受的程度时的反应;也是对奴役的排练而非重演。

越来越频繁地举行征服与奴役的仪式，越来越多地致力于表达仪式的主题的艺术，也许是富裕社会一种倾向的惟一合乎逻辑的延伸，这一倾向是将人们生活中的每个部分都变成一种趣味，一种选择；怂恿人们将生活视为一种（生活）方式。在迄今为止的所有社会里，性事向来多为一种活动（去做却不去想的事）。可一旦性成为一种趣味，它也许已经开始成为一种自觉的戏剧形式，这正是施虐-受虐狂的内容：这是一种既粗暴又间接的、非常精神的满足。

施虐-受虐狂一直是极端的性体验：当性成为非常纯粹的性，即与人格、关系和爱相互分离的时候，就走向了极端。近年来，它与纳粹象征主义联系在一起，也就不足为奇了。主仆关系从未像现在这样有意识地美学化。萨德恐怕要从头起家，来打造其惩罚与快乐的戏剧，即兴想好装饰、服装和亵渎的仪式。现在，人人都能看到一份总的剧本提纲。颜色是黑色，材料是皮革，诱惑是美，正当性是真诚，目标是高潮，幻想是死亡。

〔一九七四〕

土星照命

在他的大多数肖像照中,他的头都低着,目光俯视,右手托腮。我知道的最早一张摄于一九二七年——他当时三十五岁,深色鬈发盖在高高的额头上,下唇丰满,上面蓄着小胡子;他显得年青,差不多可以说是英俊了。他因为低着头,穿着夹克的肩膀仿佛从他耳朵后面耸起;他的大拇指靠着下颌;其他手指挡住下巴,弯曲的食指和中指之间夹着香烟;透过眼镜向下看的眼神——一个近视者温柔的、白日梦者般的那种凝视——似乎瞟向了照片的左下角。

在他二十世纪三十年代末的一张照片中,鬈发几乎还没有从前额向后移,但是,青春或英俊已无处可寻;他的脸变宽了,上身似乎不只是长,而且壮实、魁梧。小胡子更浓密,胖手握成拳头、大拇指塞在里面,手捂住了嘴巴。神情迷离,若有所思;他可能在思考,或者在聆听。("听得入神的人视物不见,"本雅明在他评论卡夫卡的文章中说过。)他背后有些书。

在一九三八年夏天拍的一张照片中(这是本雅明在布莱

希特一九三三年后流亡丹麦期间几次拜访他的最后一次），他站在布莱希特的屋前，这时的他已经四十六岁，略显老态了，穿着白衬衫，打着领带，裤子上挂着表链；一副松弛、肥胖的样子，恶狠狠地瞪着镜头。

另外一张一九三七年拍的照片，本雅明坐在位于巴黎的国家图书馆里。可以看到他身后不远处一张桌子前坐着两个人，两人的脸都看不清。本雅明坐在右前方，可能是在为他已写了十年的关于波德莱尔和十九世纪巴黎的著作做笔记。他在查阅左手托着的一本摊开的书——看不到他的眼睛，可能是在看照片的右下角。

他的挚友格肖姆·舒勒姆描述过他一九一三年在柏林第一次遇见本雅明的情景。那是在犹太复国主义青年小组和自由德国学生联合会犹太人成员联合召开的一次会议上，二十一岁的本雅明是该学生联合会的领袖。他"发表即兴演讲，看也不看面前的观众，眼睛盯着远处的天花板一角，在那里慷慨陈词，高谈阔论，其演讲词据我现在记忆，马上就能拿出去发排"。

✓ ✓ ✓

他是法国人所谓的抑郁寡欢的人①。青年时代，他表现出的特征似乎就是"深刻的悲伤"（舒勒姆语）。他视自己为

---

① 原文为 un triste。——译者

忧郁症，但对现代心理学的标签嗤之以鼻，而代之以占星术的一个标签："我是在土星照临下来到这个世界——土星运行最慢，是一颗充满迂回曲折、耽搁停滞的行星……"除非我们读懂了他的主要作品：一九二八年出版的论德国巴洛克戏剧的著作（《德国悲剧的起源》 [*The Origin of German Trauerspiel*①]）及其从未能完成的《巴黎：十九世纪之都》（*Paris, Capital of the Nineteenth Century*）在多大程度上依赖于忧郁理论，否则，便无法充分理解它们。

本雅明将自己及其性情投射到他所有的主要写作对象身上，他的性情决定了他的讨论对象。他在这些对象，如十七世纪巴洛克戏剧（这些戏剧将"土星式的淡漠忧郁"的不同层面戏剧化）和那些他就其作品写出了极其精彩评论的作家——波德莱尔、普鲁斯特、卡夫卡和卡尔·克劳斯②身上看到的正是他的性情。他甚而至于在歌德身上也发现了土星性格特征。因为，尽管他在那篇讨论歌德《亲和力》的（仍未译入英文的）出色的辩论文中提出反对通过一个作家的生活来阐释作品，但是，他还是在对文本所作的最深刻的思索中

---

① 字面意义即"悲悼剧"。
② Kraus, Karl（一八七四——一九三六），奥地利文学家，讽刺方面的想象力和对语言的驾驭堪与尤维那利斯和斯威夫特相媲美。在德国文学中，他属于第一次世界大战时期的杰出作家。但由于他的作品用语是独具特色的地道德语，难以翻译。主要作品有《道德与犯罪》（一九〇八）、《警句与矛盾》（一九〇九）、《夜晚》（一九一九）、《语言与谎言》（一九二九）等。——译者

有选择性地运用了作家的生平,即那些揭示出忧郁症和孤独症患者的信息。(因此,他描写了普鲁斯特的"将世界拖进其漩涡中心的孤独";他解释了卡夫卡,正如克利①一样,为何"在根本上是孤独的";他引证罗伯特·瓦尔泽②"对生活中的成功所怀有的恐惧"。)我们不能借助于生活来阐释作品,但可以通过作品来阐释生活。

写于二十世纪三十年代早期、在他生前没有出版的回忆他在柏林的童年和学生时代的两本小书包括了本雅明最为清晰的自画像。对这位刚出现忧郁症症状的人来讲,在学校,在和母亲散步时,"孤独对我来说是人惟一合适的状态"。本雅明不是指独居一室时所感到的孤独——他童年时代经常生病,而是指生活在大都市里的孤独,街头游手好闲者的忙碌——自由地去做白日梦、观望、思考、漫游。本雅明日后要将十九世纪的许多情感与游手好闲者③的形象联系起来(该形象的代表人物就是具有强烈的自我意识的忧郁的波德莱尔),他从与城市之间的变化无常的、敏锐的、微妙的关系中构成他自己大量的情感。街道、过道、拱廊、迷宫是其

---

① Klee, Paul(一八七九——一九四〇),瑞士画家,作品用形、色、空间等直接表现个人情感,善于在绘画中借助于音乐的形式,认为"艺术是创作的象征",其绘画与理论对二十世纪现代派艺术产生重大的影响。——译者
② Walser, Robert(一八七八——一九五六),瑞士德语作家,被视为卡夫卡的先驱。——译者
③ 原文为 flâneur。——译者

文学论著中不断讨论的主题，这样的主题尤为突出地表现在他计划中的关于十九世纪巴黎的论著及其游记和回忆录之中。（对罗伯特·瓦尔泽而言，漫步是其隐居生活和卓越著述的中心所在，关于这个作家，人们多么希望本雅明能够写出一篇更长的论文来。）他在世时出版的惟一一部带有谨慎的自传性质的书是《单行道》（*One-Way Street*）。对自我的回忆即是对一个地方的回忆，这样的回忆涉及他自己在该地是如何为自己找到位置，又是如何在它周围找到方向感的。

"在城市里没有方向感，这不是一件有趣的事情。"他那本尚无译本的《世纪之交的柏林童年》（*A Berlin Childhood Around the Turn of the Century*）这样开头，"但在一座城市里迷路，正如人在森林里迷路一样，是需要实践的。……生活中，我很晚才学会这门艺术：它实现了我的梦想，这些梦想最初的痕迹就是我在练习本上乱涂乱画的迷宫。"这段话也出现在《柏林纪事》（*A Berlin Chronicle*）中，那是在本雅明指出假如一开始"在城市面前就有一种无力感"，那么，要经过多少实践，人才会迷路这一观点之后。他的目标是成为一个知道如何迷路的合格的街道路牌读者，而且能借助想象的地图，确定自己的方位。本雅明在《柏林纪事》的其他地方讲到，有好多年，他都在玩索如何图绘自己的生活。为这张他想象成灰色的地图，他设计了一套丰富多彩的标志符号系统，"清楚地标出我的朋友和女朋友的屋子,各种集体机构的大会堂,从青年运动的'争辩室'到信仰共产主义的青年聚会的场所,我只住过一个晚上的旅馆和妓院房间,皇家围场里[1]那些作为见面标志的长凳,通往一所所学校和我见到有人被埋进去的一座座坟墓的线路,有名的咖啡馆的不同位置,及其早被人遗忘的店名每天都挂在我嘴边"。他说有一次在巴黎"双偶"咖啡馆等人,他画出自己生活的一张草图:它就像一个迷宫,在其中,每种重要的关系都标作"迷宫入口处"。

地图与草图、记忆与梦境、迷宫与拱廊、远景与全景的隐喻不断出现,引发了对某种生活,同样对城市的某种想象。本雅明写道:巴黎"教会了我迷路的艺术"。城市的真实本质的展示不是在柏林,而是在巴黎,这是他在整个魏玛时期常呆的地方,从一九三三年起,他就是一个生活在巴黎的难民,一直呆到一九四〇年企图逃离巴黎时的自杀为止——更确切地说,这是超现实主义叙述作品(布勒东的《娜佳》,阿拉贡[2]的《巴黎的乡巴佬》)重构的巴黎。用这些隐喻,他是在提出一个总的关于方位的问题,并且在建立关于困难和复杂性的一种标准。(所谓"迷宫",指的是人迷

---

[1] Tiergarten,柏林最大的公园,原为普鲁士皇家围场。——译者
[2] Aragon, Louis(一八九七——一九八二),法国作家、诗人、文学批评家、政治家。生于巴黎高官之家,年轻时曾学医。一九一九年和布勒东、苏波等人一起创办《文学》杂志,参加达达运动,一九二三年改办《超现实主义革命》杂志,成为超现实主义骨干分子。——译者

路的地方。）他同样是在提出有关禁区的见解,并提出进入的途径,即通过一种同样是身体行为的精神行为。"所有的街道网都在卖淫业的支持下展开,"他在《柏林纪事》中写道。这本书开篇就提及一个叫做阿里阿德涅的妓女领着他这个富家子弟第一次跨过"阶级门槛"的情景。迷宫这一隐喻也暗示了本雅明对由他本人的性情所造成的障碍的想法。

土星的影响使人变得"漠然、犹豫、迟钝",他在《德国悲剧的起源》里写道。迟钝是忧郁症性格的一个特征。言行笨拙则是另一特征,这样的人注意到太多的可能性,而未发现自己缺乏现实的感觉。还有一个特征便是顽固,这是因为他渴望高人一等——这实在是一厢情愿的事情。本雅明回忆童年时代和母亲散步时的倔强,母亲会把无关紧要的行为内容变成对他实际生活能力的测试,因而强化了他本性中笨拙无能("到今天我都不会煮咖啡")和极其倔强的层面。"我比实际上似乎更迟钝、更笨拙,也更愚蠢的习惯源自这样的散步,这样的习惯具有一种随之而来的极大的危险性,即它会使我认为比我实际上更敏捷、更灵巧,也更精明。"这一顽固造成的"最严重的后果是,进入我视野中的东西我好像连三分之一都看不到"。

《单行道》注入了作家和情人双重身份的本雅明的亲身经历(本书献给阿西娅·拉西斯;没有她牵线搭桥,本书或许写不出来①)。这些经历从开头有关作者所处情境的文字中猜得出来,这些文字听起来像是革命道德主义的主题,从最后的《致天象仪》中也能猜出几分,这是一首对从技术层面热爱自然以及对性之狂喜的赞歌。本雅明从记忆而非当时的经历,即从描述童年时代的自己开始写自己的时候,笔触就能够更直接。有了童年这么一段时间上的距离,他就能将他的生活作为一个可以图绘的空间来考察。《柏林童年》和《柏林纪事》所记录的痛苦情感之所以能够表达得如此坦率,如此淋漓尽致,原因就在于本雅明采用了一种完全理解了的、联系往昔分析的方法。它提及事件,是为了谈对这些事件的反应;提及地点,为的是身处其中的人所沉淀的情感;提及他人,目的在于面对自己;提到情感和行为,考虑的是其中所包含的未来的激情以及失败的先兆。父母亲在款待朋友的时候,他狂想着大公寓里四处充斥着鬼怪,这预示着他日后对其阶级怀有的反感;梦想着能够允许他想睡多久就睡多久,而不用早起去上学;这样的梦想在他的《德国悲

---

① 一九二四年夏,阿西娅·拉西斯(Asja Lacis)和本雅明在意大利卡普里岛相遇。她是一位拉脱维亚共产主义革命者、戏剧导演,曾担任布莱希特和皮斯卡托尔的助手;一九二五年,本雅明曾与她合写《那不勒斯》;一九二八年,为她写了《一个普罗儿童剧院的节目》。是靠拉西斯活动,本雅明才受到邀请,于一九二六至一九二七年那个冬天访问莫斯科,也是拉西斯在一九二九年介绍本雅明认识了布莱希特。本雅明一九三〇年最终与妻子离婚后,希望娶拉西斯为妻。但是,她回到了拉脱维亚加盟共和国首都里加,后在一个苏维埃拘留营过了十年之久。

剧的起源》没能为他争得一个大学讲师职位的时候终于实现了，这时，他意识到"他希望有个职位、生活上有保障却始终是一种奢望"；他和母亲散步的方式——"带着学究式的谨慎"一步之遥跟在母亲身后，这预示着他"对现实社会生存方式的颠覆"。

本雅明对过去的回忆是有选择的，他将其愿意回忆的一切均看成是对未来的预见，因为记忆的工作（他称之为"回头的自我阅读"。）摧毁了时间。他的回忆中没有时间先后顺序，他否认其回忆录是自传，因为其中的时间是不相干的。（"自传必须考虑时间，考虑前后连贯，考虑构成生命之流的连续性的因素，"他在《柏林纪事》中写道，"而我此处谈论的是空间，是一个个片刻和非连续性场景。"）本雅明是普鲁斯特的译者，他写下的作品的残篇也许可以叫做《追寻失去的空间》（*A la recherche des espaces perdus*）。记忆，作为往昔的重现，将一幕幕的事件变成一幅幅画面。本雅明要做的不是恢复他的过去，而是要理解他的过去：将其压缩成空间形式，压缩成先兆的结构。

他在《德国悲剧的起源》中写道：对巴洛克剧作家来讲，"时间运动是在一个空间形象中得到把握和分析的"。讨论《德国悲剧的起源》这本书不仅是本雅明第一次表述将时间转化为空间所指的意思；在本书中，他还十分清楚地解释了这一转化背后所隐藏的情感。对"世界历史——一个不断腐烂的过程——的黯淡记录"有着极其忧郁的意识，巴洛克剧作家竭力逃避历史，恢复天堂的"无时间性"。十七世纪巴洛克感受力具有一种"全景式的"历史内涵："历史融入场景。"在《柏林童年》和《柏林纪事》里，本雅明将其生活融入了一种场景。巴洛克舞台装置的接替物是超现实主义城市：一种超自然的风景，在梦幻般的空间里，人获得"一种短暂的、阴影般的生存"，就如那位十九岁的诗人，他的自杀是本雅明学生时代巨大的悲痛，这一事件浓缩成几间这位亡友生前住过的房间的记忆。

本雅明一再讨论并因此成为其风格特征的主题是将世界空间化的途径：比如，他视思想和经历为废墟的观念。了解一样东西，就是要了解它的地形特征，知道如何将它画出来。还有就是知道如何迷失于其间。

对于在土星照临下出生的人来说，时间是约束、不足、重复、结束等等的媒介。在时间里，一个人不过是他本人：是他一直以来的自己；在空间里，人可以变成另一个人。本雅明方向感差，看不懂街上的路牌，却变成为对旅游的喜爱，对漫游这门艺术的得心应手。时间并不给人以多少周转余地：它在后面推着我们，把我们赶进现在通往未来的狭窄的隧道。但是，空间是宽广的，充满了各种可能性、不同的位置、十字路口、通道、弯道、一百八十度大转弯、死胡同和单行道。真的，有太多的可能性了。由于土星气质的特征是迟缓，有犹豫不决的倾向，因此，具有这一气质的人有时不得不举刀砍出一条道来。有时，他也会以举刀砍向自己而告终。

✓ ✓ ✓

土星气质的标志是与自身之间存在的有自我意识的、不宽容的关系，自我是需要重视的。自我是文本——它需要译解。（所以，对于知识分子来讲，土星气质是一种合适的气质。）自我又是一个工程，需要建设。（所以，土星气质又是适合艺术家和殉难者的气质，因为正如本雅明谈论卡夫卡时所说的那样，艺术家和殉难者追求"失败的纯洁和美丽"。）建构自我的过程及其成果总是来得过于缓慢。人始终落后于其自身。

事物在远处出现，慢慢地移到我们面前。在《柏林童年》中，他讲到他"喜欢看到我关心的一切东西从远处朝我靠近"——就像小时候经常生病时，他想象的时间朝他病床走来一样。"这也许是别人所谓的我表现出的耐心的源头吧，但它实际上根本不像什么美德。"（当然，在别人的体会中，这确实可视为耐心、美德。舒勒姆说过，他是"我所知道的最有耐心的人"。）

但是，像耐心这类东西对忧郁症要做的辛勤的译解工作来说倒是需要的。普鲁斯特，正如本雅明指出的那样，就被"沙龙的秘密语言"搞得很激动；本雅明则为更密集的密码所吸引。他收藏寓意画册,喜欢设计字谜游戏,玩假名。他喜欢假名远远早于他身为德国犹太人难民时对假名的需要;从一九三三至一九三六年,他连续在德国杂志上发表评论文章,署名德特勒夫·霍尔茨(Detlev Holz),这是他在一九三六年出版于瑞士的、平生最后一本书《德国人》(*Deutsche Menschen*)上用的名字。在一九三三年写于西班牙伊维萨岛的一篇奇文"*Agesilaus Santander*"中,本雅明谈及他希望拥有一个秘密名字的奇妙幻想;该文的标题——透露出他拥有的克利一幅画中的人物"新天使"(Angelus Novus)——正如舒勒姆所指出的那样,是对《天使的魔鬼》(*Der Angelus Santanas*)的戏仿。舒勒姆说,本雅明是个"不寻常的"笔迹学家,尽管他后来倾向于对这一才能闭口不谈。

对于忧郁症来说,装腔作势、遮遮掩掩似乎是必要的。他与别人的关系复杂、不明朗。那些高人一等的、不足的、情感迷惘的感觉,那种不能得到所想要的,抑或甚至无法对自己以合适的(或统一的)名称讲出来的感觉——所有这些感觉都觉得应该掩盖在友好或最具道德原则的操纵之下。使用一个由那些了解卡夫卡的人也用在他身上的词语,舒勒姆谈到了本雅明与别人的关系的一个特征,即"几乎是中国式的彬彬有礼"。但是,对于这个能够站出来为普鲁斯特"破口大骂友谊"而辩护的人,会无情地抛弃朋友,就像发现自己对青年运动的同志不再感兴趣的时候就抛弃他们一样,知道了这一点，人们不会感到有什么惊讶；同时，了解到这个爱挑剔、固执、极其严肃的人也会对在他看来可能高于他的人奉承拍马，知道了他几次到丹麦拜访布莱希特时也会让他自己被布莱希特"嘲弄"（他本人语）、被他蔑视，人们也就不会感到有什么惊讶。知识生活的王子也可能是一个弄臣。

本雅明在《德国悲剧的起源》中借助于忧郁理论，对两种角色作了分析。土星气质的一个特征是慢："暴君因其情感之拖沓而轰然倒台。""土星另一个显著特点，"本雅明说，"是不忠实。"巴洛克戏剧中弄臣的性格就是代表，其心态就是"本身动摇不定"。弄臣的压倒性特征在于"缺乏性格"；它也部分地"反映出向无法穿越的、悲愁的、相合的星座所作出的极度沮丧、泄气的投降，这一星座群仿佛表现出一种巨大的、几乎是物样的风貌"。只有认同这样的历史灾难感、认同这样程度的沮丧的人才会解释弄臣为何不应当受到嘲笑。本雅明说，他对同伴不能忠实如一，与他对物质性的具有的精神所保持的"更深层次的、更具思考特征的忠实如一"是相对应的。

本雅明所描写的可以被理解成简单的病理学：忧郁气质将其内心的麻痹向外投射的倾向可视作不幸的不可更改性，人们遭遇这样的不幸时，就感觉它是"巨大的、几乎是物样的"。但他的观点更为大胆；他感到忧郁症患者与世界之间所做的深层交易总是以物（而非以人）来进行；他认为这是真正的交易，它们揭示出意义。完全是因为忧郁症性格经常为死亡所纠缠，所以，忧郁症患者才最清楚如何阅世。或者，更确切地讲，是世界向忧郁症患者而非向其他人的仔细拷问屈服。事物愈没有生命，思考事物的头脑便愈有力、愈有创造性。

如果说，这一忧郁气质对人不忠实，那它有很充分的理由去忠实于物。忠实在于积累事物——这些事物大都以残篇或废墟的形式出现。（本雅明写道："在巴洛克文学中，通常的做法是不断地积累残篇。"）本雅明感到与之有一种强烈契合的巴洛克和超现实主义这两种感受力均将现实视为物。本雅明将巴洛克描写成一个物的世界（标志，废墟）、一个由空间化了的观念构成的世界（"寓言在思想的王国里就好比是废墟在物质王国里一样"）。超现实主义的天才在于以一种奔放的坦率对巴洛克对废墟的崇拜作了概括；在于认识到现代的虚无主义能量将一切都变为一种废墟或者残篇——因此都是可以收藏的。一个世界，当其过去（根据定义）已经过时，而现在粗制滥造出许多瞬间就变成古迹的东西的时候，它就招引来看管人、解码人和收藏家。

本雅明本人作为一类收藏家，对作为物的物始终是忠实的。据舒勒姆讲，他的书房收集了很多初版本和珍本，藏书"是他个人劲头最足、维持时间最长的事情"。忧郁气质在物一样的灾难面前无动于衷，倒会因为一些特别的宝贝东西激发起的激情而变得精神振奋。本雅明的书籍不仅是使用，作为专业工具；它们还是思考物，是思想的马刺。他的书房勾起"我对这一座座城市的一个个回忆，我在其中发现了许许多多的东西，这些城市包括里加、那不勒斯、慕尼黑、但泽、莫斯科、佛罗伦萨、巴塞尔、巴黎……勾起我对放置这些书的一间间房间的一个个回忆……"淘书，如同猎艳一样，拓展了快乐的地理空间——这又是漫游世界的一个理由。在收藏的过程中，本雅明体验到他自身聪明、成功、精明、毫不掩饰地表现出激情的一面。"收藏家就是知道随机应变之人"——亦如弄臣那样。

除了初版本和巴洛克寓言画册外，本雅明还专门收集儿童书籍和疯子创作的书籍。"对他来讲意义重大的那些杰作，"舒勒姆说，"以奇怪的方式放在难得一见的作品和稀奇古怪的东西边上。"书房奇怪的格局就像本雅明的作品中所采取的策略一样，在其作品中，超现实主义灵感激发下对短暂、不可置信和被忽略的有价值的宝贝的搜寻与其对高品位的传统经典保持的忠实如影随形。

他喜欢另辟蹊径，在无人注视之处寻寻觅觅。从不为人所知的、为人不屑一顾的德国巴洛克戏剧中，他归纳出现代的（即他自己的）感受力要素：对寓言、超现实主义震惊效应、不连贯的话语、历史灾难感等等的欣赏。"这些石头是我想象力的食粮，"他这样描写马赛——马赛对他的想象来讲，是最桀骜不驯的城市，即使他吸了大麻麻醉剂以后亦复如此。许多期待中的参考书本雅明作品中都没有——他不喜欢读人人在读的东西。他宁愿接受作为心理学理论的四种气质的说法，而不愿接受弗洛伊德那套理论。他喜欢不读马克思的著作而成为或努力成为一个共产主义者。这个几乎什么都看，并有十五年的时间同情革命共产主义的人，到二十世纪三十年代晚期几乎都没有浏览过马克思的著作。（一九三八年夏，去丹麦拜访布莱希特的途中，他在读《资本论》。）

他讲究策略，这是他与卡夫卡一致的一个地方，后者也是诸如此类的一位准战术家。他"采取一切措施，预防对其作品进行阐释"。本雅明认为，卡夫卡的小说整个的一点，是它们没有确定的象征意义。他着迷于布莱希特所采取的不同的、非犹太的策略感，着迷于他想象中的反卡夫卡人物。（可以预料的是，布莱希特十分讨厌本雅明评论卡夫卡的名文。）布莱希特，连同其书桌边上、脖子上挂着"我也要将它弄明白"标签的小木驴，在本雅明看来，代表的是对秘传宗教文献的赞赏者这一形象，这可能是减少复杂性、弄明白一切的更为有力的策略。本雅明与布莱希特的交往中，是个"受虐狂"（齐格弗里德·克拉考尔语），这层关系清楚地表明他迷恋这种可能性的程度，他的大多数朋友都对此深表遗憾。

本雅明喜欢作出不同于一般阐释的阐释。"所有决定性的打击都是左手做出的,"他在《单行道》中如是说。完全是因为他认为,"人类所有的知识都以阐释的面貌出现,"他清楚反对显而易见的阐释的重要性,他最常用的策略是令某些事物失去象征——如卡夫卡的小说或歌德的《亲和力》(那些人们对其中的象征已达成共识的文本),然后将其投注到其他文本中去,而在这些文本中没有人认为其中存在什么象征(譬如他认为是历史悲观主义寓言的德国巴洛克戏剧)。"一本书就是一种策略,"他写道。他在写给朋友的一封信中,称其作品具有四十九层意义;这并非完全是开玩笑。对于现代人来说,就如对奥秘教义鼓吹者一样,没有什么东西是直截了当的。一切东西理解起来(不管怎样)都是困难的。他在《单行道》中写道:"模棱两可代替了一切事物中的可靠性。"对本雅明来说,让他感觉极其陌生的是像天真这类东西:"'明晰的'、'单纯的'眼睛这样的说法已成为一种谎言。"

本雅明的观点很多新颖之处要归功于其显微镜式的凝视(如他的朋友和忠实信徒西奥多·阿多诺所称的那样),再加上他对理论视角所表现出的那种坚持不懈的驾驭。舒勒姆写道:"最吸引他的是小东西。"他喜爱旧玩具、用过的邮票、明信片,还有好玩的现实世界的种种缩影,譬如玻璃地球仪中一抖就会下雪的冬日世界。他自己写的字也小得要用放大镜才看得清楚;他始终未酬的壮志,舒勒姆说,就是在一页纸上写下一百行字。(这一抱负罗伯特·瓦尔泽实现了,他以前常将小说手稿变成显微图——真正的缩微文本。)舒勒姆谈及,一九二七年八月,他到巴黎拜见本雅明的时候(这是舒勒姆一九二三年移居巴勒斯坦后两个朋友第一次重逢),本雅明把他拉到克卢尼博物馆一个犹太仪式物品的展品旁边,让他看"两粒麦子,有个和他类似的人竟将整部犹太教施玛篇①刻在了上面"。②

将物品缩微化就是令其携带方便——对于漫游者或难民来讲,这是拥有物品的理想形式。本雅明当然既是一个行走中的漫游者,又是一位为物——即激情——所压垮的收藏家。把物品缩微化就是要将其隐藏起来。对本雅明有吸引力的是特别小的东西,就好比不管什么,只要它们必须被译解,那么对他就有吸引力一样;比如说标志、字谜游戏、笔迹,等等。缩微化意味着令其无用。因为缩小到这么奇怪程

---

① Shema,是犹太教徒申述对上帝的笃信的祷词。——译者
② 舒勒姆认为,本雅明酷爱缩影,这一点构成他偏爱简洁的文学话语的基础;这一偏爱在《单行道》里极其明显。也许,舒勒姆是对的;不过,二十世纪二十年代这类书是平常的,这些简短独立的文本是以一种特别的超现实主义蒙太奇风格呈现出来的。《单行道》以小册子的形式由恩斯特·罗韦尔特(Ernst Rowohlt)在柏林出版,其版式是希望产生强烈的广告冲击力;书的封面由报刊启事、广告、官方符号和奇怪标志中的以大写字母组成的咄咄逼人的话语构成一幅照片蒙太奇。在书的开头一段,本雅明对"快捷即时的语言"表示欢迎,而抨击"书籍的虚假的、千篇一律的面目",如果不清楚《单行道》准备做成怎样的一本书,那么,这一段便没有多大意义。

土星照命

度的东西在某种意义上讲，本身也就没有了意义——其微小性就是其最显著的东西。它既是一个整体（即完整的），又是一个残片（极其微小，比例是错误的）。它成为一个冥想或沉思的客观对象。喜欢小玩意儿是孩子的情感所在，这是超现实主义开掘的情感。本雅明认为，超现实主义的巴黎是个"小世界"；照片也一样，在超现实主义的趣味中，照片是件谜样的，甚至是颠倒的而非仅仅是可以辨认或优美的东西；关于照片，本雅明讨论起来极富创见。忧郁的人总觉得物样的东西会控制他，因而感觉受到威胁，但是，超现实主义趣味嘲笑这些恐惧感。超现实主义在感受力方面的禀赋就是让忧郁的人变得开开心心。

本雅明在《德国悲剧的起源》中写道："忧郁的人允许自己拥有的惟一的快乐是寓言；这是一种强烈的快乐。"他坚信，寓言确实是阅读忧郁者世界的一种途径，他引用波德莱尔的话说："对我来讲，一切皆成寓言。"作为从丧失活力的、不重要的东西中抽绎出意义的过程，寓言是本雅明的主要论题，即德国巴洛克戏剧和波德莱尔的标志性方法；这一方法嬗变成哲学观点和对事物所作的显微科学分析，本雅明本人也运用过。

忧郁的人看见世界本身变成一样东西：避难所、安慰、诱惑。本雅明去世前不久，还在构思一篇文章，来讨论作为幻想的一种方法的缩微化。他以前曾有意讨论歌德的《新美露西娜》(收入《威廉·迈斯特》),拟写的这篇文章似乎是续论。歌德在《新美露西娜》中讲述的是一名男子爱上一女子,而她其实是一个微型女子,只是暂时获得常人大小的身体,这位男子随身携带一个盒子,殊不知盒子里有一个微型王国,他爱上的女子就是公主。在歌德的故事里,世界真的缩小成一件可以收藏的东西,一件物品。

如同歌德故事中的盒子,一本书也不仅是世界的残篇,其本身也是一个小世界。书是读者居于其中的世界的缩微化。在《柏林纪事》中,本雅明提到他童年的狂喜:"你并非看完这些书籍;你就住在里面,在字里行间逗留。"让孩子感到极为兴奋的是阅读,最终又添加了让成年人着魔的写作。获得书籍的最值得推崇的途径就是撰写这些书籍,本雅明在一篇题为《开箱整理我的藏书》 ("Unpacking My Library")的文章中说过。弄懂书籍的最佳途径也即进入其空间:他在《单行道》中说,除非把一本书抄上一遍,否则,我们便永远无法明白书里的意思,这就好比乘飞机是欣赏不了陆地景色的,只有脚踏实地亲历一番才成。

本雅明在《德国悲剧的起源》中写道:"意义的量与死亡的出现和腐烂的力量是完全成比例的。"正是这一点使我们能在自己的人生中找到意义,在"被委婉地说成是经历的逝去的往事中找到意义"。完全是因为过去已经逝去我们才能阅读过去。完全是因为历史当作实体来崇拜,我们才能懂得历史。完全是因为书是一个世界，我们才能进入。对于人来讲，书是他能在其中漫步的另一个空间。对于在土星照临下出生的人来讲，在被人凝视的时候真正立即想做的事情便是垂下目光，朝一个角落看。更好的做法是，他可以低下头来，看着笔记本。要不然就把头藏在书墙后面。

✓　　✓　　✓

土星气质的一个特点是认为该对其本质的退缩负责的是意志，于是对意志加以指责。忧郁的人相信意志是软弱无力的，便加倍努力，来发展意志。如果这些努力是成功的，那么，随之而来的意志的"疯长"通常就会以工作狂的形式出现。因此，始终为"淡漠忧郁——苦行僧常患之病——所苦"的波德莱尔在许多信件及其《私人日记》结尾处，总是充满激情地保证干更多的工作，连续不断地工作，除了工作，什么都不干。（"每次意志被击垮"（波德莱尔语）所产生的绝望是现代艺术家及知识分子——尤其是那些既是艺术家又是知识分子的人最为典型的抱怨。）一个人只好去工作，否则，他可能什么都干不了。甚至连忧郁气质的迷离也用于工作，忧郁的人也许会努力培养一连串变化无常的幻觉状态，如梦幻，或者是通过吸毒以进入注意力高度集中的状态。超现实主义积极重视波德莱尔以极为消极的方式体验过的东西：超现实主义并不因意愿的消逝而感到悲伤，而是将之提升为一种理想，认为可以依靠梦的状态来提供工作所需要的全部物质。

本雅明总是在干活，总是努力干更多的活，他对作家的日常生存状态作过大量的思考。《单行道》有几部分对工作提出了高见：给工作配以最佳条件、最佳时间安排、最佳用具。他写了那么多信，其部分动机就是记录、报告、确认工作的存在。他作为收藏家的本能让他获益匪浅。学习是收藏的一种形式，本雅明在走到哪儿就带到哪儿的笔记本上，摘录他每天阅读中认为重要的引文和节录，并从中挑上几段朗诵给朋友听。这同样是一种收藏形式。思考也是一种收藏形式，至少在其初始阶段是这样。他勤勉地记下一鳞半爪；在写给朋友的信中将之扩充为小论文，重新起草未来计划；做了梦就记下来（《单行道》中就有几处这样的记录）；所有读过的书都编号、列在单子上。（舒勒姆回忆说，一九三八年他第二次，也是最后一次在巴黎拜访本雅明的时候，看到一本他当时的阅读笔记，马克思的《雾月十八日》赫列其中，标号为一六四九。）

忧郁的人是如何变成意志的英雄的？答案是通过一个事实，即工作可以变成一剂药，一种强迫症。（他在论超现实主义的文章中写道："思考是一帖有名的麻醉剂。"）事实上，忧郁的人会成为最大的瘾君子，因为真正上了瘾的体验总是一种孤独的体验。二十世纪二十年代后期在一位医生朋友指导监督下服用大麻麻醉剂那些疗程是精心设计的花招，不是自我投降行为；它们是为作家提供的素材，并非是要逃离意志的压榨。（本雅明认为他拟写的论大麻麻醉剂的著作是其最为重要的工程之一。）

需要孤独——伴随着因自身孤独而感到的痛苦，这是忧郁的人所具有的一个特征。人要做成一件事情，就必须独处，或至少不能让永久性关系束缚住手脚。本雅明对婚姻的否定清楚地反映在他评论歌德《亲和力》的文章中。他的研究对象——克尔恺郭尔、波德莱尔、普鲁斯特、卡夫卡、克劳斯——都从未结婚；据舒勒姆说，本雅明渐渐认为他自己的婚姻"对他本身来讲是致命的"（他一九一七年结婚，一九二一年以后就与妻子感情不睦，一九三〇年离婚）。忧郁气质的人感到自然界、自然的情感世界并没有什么诱惑力。《柏林童年》和《柏林纪事》中，他的自画像是一个情感完全被疏远的儿子；作为丈夫和父亲（他有一个儿子，生于一九一八年，二十世纪三十年代中叶与本雅明的前妻移民英国），他似乎简直就不知道如何处理这样的亲情关系。对忧郁的人来讲，以家庭纽带形式出现的自然情感引入的只是伪主观的、多愁善感的东西；这是对意志、对独立性的压榨；它们剥夺了他们集中精力去工作的自由。这一自然情感也是对人性提出的一种挑战，忧郁的人有种直觉，知道自己在人性方面是欠缺的。

忧郁的人所表现出来的工作作风就是投入、全身心的投入。他要是不投入，注意力就涣散。作为一个作家，本雅明能够异乎寻常地集中思想。他能两年就完成《德国悲剧的起源》的准备工作和撰稿；其中有些章节，他在《柏林纪事》中吹嘘，就是漫漫长夜坐在咖啡馆一个爵士乐队边上写成的。但是，尽管本雅明颇为多产——有几个阶段，他每星期都为德国文学报刊写稿子，结果证明，他再也没能写出一本正常厚薄的书了。在一九三五年的一封信里，本雅明说到撰写《巴黎：十九世纪之都》时的"土星式的缓慢进展"，这本书他一九二七年就动笔了，以为两年之内就能杀青。他的典型的写作形式还是随笔。忧郁的人所表现出的注意力的集中及其耗竭设定了本雅明发展思想的长度极限。他的重要文章仿佛都正好在自我毁灭前及时收尾。

他的句子好像不是以通常的方式写出来的；它们不需要。每个句子写出来就好像是第一句，或最后一句。（他在《德国悲剧的起源》"前言"中说："作家必须停笔，然后重新开写每个新句子。"）心理过程和历史过程变成了概念图表；思想转换成极端的文字，知识的视角呈现出多变的面貌。他的思考方式和写作风格被称作"格言式的"。这不正确，它们或许更应该称为"定格巴洛克"。这一风格写起来是一种折磨。每个句子仿佛在他全身心投入的内在凝视在眼前消解其论题之前，就必须把什么都讲完。本雅明告诉阿多诺，在他关于波德莱尔和十九世纪巴黎的书中，他的每个想法"都要从一个疯狂所在的王国那里抢夺过来"。这很可能不是夸大其辞。①

这些句子的背后似乎有一种恐惧，恐惧自己过早地失去写作能力；这些句子思想丰富，就像一幅巴洛克画作表面动感十足一样。一九三五年，在一封致阿多诺的信里，本雅明描述了他第一次阅读阿拉贡的《巴黎的乡巴佬》这本激发他撰写《巴黎：十九世纪之都》的书时的狂喜："我一个晚上在床上读这本书决不会超过两三页，因为心跳太快了，我只好让书从手里滑落。这是怎样的一种警告啊！"心脏衰竭喻指本雅明的努力和激情的极限。（他患有心脏病。）心脏功能健全则是一个他用以指作家成就的隐喻。在一篇赞扬卡尔·克劳斯的文章中，本雅明写道：

> 如果说，风格是思想在语言中游刃有余而不落入平庸的力量，那么，获得这一力量主要依靠伟大思想心脏的力量，它驱使着语言的血液流经句法的毛细血管，而流到距心脏最远的四肢。

思考和写作说到底还是精力的问题。忧郁的人自感缺乏意

---

① 见一九三八年十一月十日阿多诺从纽约致本雅明函。本雅明与阿多诺一九二三年相遇（后者当时二十岁）。一九三五年，本雅明开始从马克斯·霍克海默尔社会研究学院（Max Horkheimer's Institut für Sozialforschung）领取一小笔津贴。阿多诺是该学院的一个成员。

志，也许觉得他需要所有他能掌握的摧毁力。

"真理拒绝被投射进知识王国，"本雅明在《德国悲剧的起源》中写道。他的散文内容密集，是这一拒绝的标志，他的散文没有留下多余的空间来攻击散布谎言的人。本雅明认为争辩有失真正哲学风范，他追求的是他所谓的"集中的肯定性的圆满"——他评论歌德《亲和力》的那篇文章痛斥了评论家和歌德的传记作家弗里德里希·贡多尔夫，在其主要作品中成为上述规则的一个例外。但是，他清楚争辩文章的道德效用，这使他对独自一人成为维也纳公共机构的卡尔·克劳斯赞赏有加；作为一个作家，克劳斯文笔娴熟、才华横溢，他爱好格言，争辩起来精力旺盛、不知疲倦，全然不像本雅明那样。

论克劳斯的文章是本雅明为精神生活所做出的最富激情也最为执拗的辩护。"'太聪明'这一背信弃义的指责困扰了他整个一生，挥之不去。"阿多诺写道。本雅明勇敢地提高理智"非人性的"标准，合适地——也即合乎道德地运用时——以此来为自己辩护，免受这一诽谤的伤害。"文人生活不过是打着思想旗号的生存，亦如妓女是打着性欲旗号的生存，"他这样写道。这不仅是对妓女的赞许（克劳斯认为单纯的性是两性行为中最纯粹的形式），也是对文人生活方式的颂扬。本雅明以克劳斯这个不太可能的人物作为例子，因为他"单单因为思想那真正的、恶魔般的功能而成为和平的破坏者"。现代作家的道德任务不是成为一个创造者,而是成为一个破坏者——破坏浅薄的内在性,破坏普遍人性、半瓶子醋的创造性以及空洞的言词所具有的安慰人的意图。

他在同样写于一九三一年的寓言式的《破坏性性格》中,精确地同时也更大胆地以克劳斯为例,勾勒出作为酷评家和破坏者的作家形象。舒勒姆谈到,本雅明几次企图自杀,第一次是一九三一年夏,第二次是翌年夏天他写"*Agesilaus Santander*"的时候。本雅明称之为具有破坏分子性格的这位沉稳的酷评家

> 总是在快乐地工作……没有什么需求……对被人理解不感兴趣……年轻而高高兴兴……并非觉得生活过得有什么价值,而是觉得自杀挺麻烦,不值得去费心劳神。

这是本雅明的一种召唤、一种努力,他希望将自身的土星气质的破坏因素召唤出来,这样,它们就不会自我摧毁了。

本雅明不仅仅在指他本人的破坏性。他以为,现代有一种奇怪的自杀诱惑。在《波德莱尔笔下第二帝国时代的巴黎》("*The Paris of the Second Empire in Baudelaire*")中,他写道:

> 现代性提供给人的对自然的创造力的抵制与他的力

量之间是不成比例的。如果一个人厌倦生活因而选择死亡作为逃避,那是可以理解的。现代性必须在自杀的标志下,自杀是切断英雄意志的行为……它是现代性在激情王国里的惟一成就……

自杀被视为英雄意志对意志挫败的一种反应。本雅明指出,避开自杀的惟一途径就是超越英雄主义、超越意志的种种努力。具有破坏分子性格不会有被困的感觉,因为"他在哪儿都能看到出路"。他兴高采烈地忙碌于将存在化为瓦砾,"将自己置于十字路口"。

假如这种可怕的悲观主义不被忧郁气质范围内一贯的反讽所限制的话,那么,本雅明为具有破坏性格的人所作的画像会让人想起某种精神上的齐格弗里德①——受众神庇护的一个兴致极高、天真的蛮子。反讽是忧郁之人赋予其孤独和非社会选择的一个积极的名号。在《单行道》里,本雅明赞扬反讽,因为反讽让个人得以有权过一种独立于社会的生活,并认为这是"所有欧洲文化中最欧洲式的"。据他观察,这一权利在德国已完全被剥夺。本雅明对反讽和自我意识的崇尚使他游离于德国当下的主要文化现象:他讨厌瓦格纳,蔑视海德格尔,嘲弄魏玛德国时期的狂飙突进运动,如表现主义。

---

① Siegfried,德国民间史诗《尼伯龙根之歌》中的英雄人物。——译者

本雅明激情满怀，但也是以反讽姿态将自己置于十字路口。对他来讲，重要的是使自己众多的"立场"呈开放状态：神学的，超现实主义的，美学的，共产主义的，不一而足。一种立场更正另一种立场；这些立场他全需要。作出决定当然有可能打破这些立场之间的平衡，态度犹豫不决又使一切保持原位。一九三八年初，他最后一次见到阿多诺后没有马上离开法国，他解释说"这里还有立场需要捍卫"。

本雅明认为，不管怎么说，自由知识分子都是一个正在灭绝的物种，淘汰这一物种的既是革命的共产主义，又是资本主义社会；的确，他觉得自己生活的时代里，一切有价值的东西都是其所属种类仅存的硕果了。他认为，超现实主义是欧洲知识界最后一个智性阶段，这是一种合理破坏的、虚无主义的知识运动。在讨论克劳斯的文章中，本雅明反问道：克劳斯站在新时代的前沿吗？"我的天哪，根本不是。因为他站在末日审判的门槛上。"本雅明心里在想的是他本人。在末日审判时，这位最后的知识分子——现代文化的具有土星气质的英雄，带着他的残篇断简、他的睥睨一切的神色、他的沉思，还有他那无法克服的忧郁和他俯视的目光——会解释说，他占据了许多"立场"，并会以他所能拥有的正义的、超人的方式捍卫精神生活，直到永远。

[一九七八]

西贝尔贝格的希特勒

> 如果一个人不能给自己描述出过去三千年的历史,那么,他就仍旧生活在愚昧之中,没有体验,浑浑噩噩,一天天打发着日子。
>
> ——歌德

浪漫主义艺术家认为,伟大的艺术是一种英雄主义,一种突破,一种超越。在他们之后,现代主义杰出作家对杰作提出的要求是,每一部杰作都必须是一个极端的例子——极限的,预言式的,或两者兼而有之。瓦尔特·本雅明(论述普鲁斯特时)说:"所有伟大的文学作品均确立一种文类,要不就是终止一种文类。"这是典型的现代主义判断。不管它们前面有多少好的先例,真正伟大的作品似乎均须与一种旧秩序决裂,它们都是真正意义上破坏性极大的(如果也是有益的)举动。这样的作品拓宽了艺术的疆界,但与此同时,也以崭新的、自觉的标准使得艺术行当变得复杂化并加重了它的负担。它们既激发想象,又使想象陷于瘫痪。

最近，对真正的杰作的胃口已变得小了一些。因此，汉斯-尤尔根·西贝尔贝格（Hans-Jürgen Syberberg）的《希特勒：一部德国电影》（*Hitler, a Film from Germany*）不仅因为其取得的突出成就而令人大吃一惊，而且也令人感到窘迫，仿佛人口零增长时代出生的一个不受欢迎的婴儿一样。以浪漫主义者树立起的艺术的宏伟目标（作为智慧/作为拯救/作为文化颠覆或者文化革命）作为衡量其成就标准的现代主义已经被其自身的一个大胆的版本所代替；这一版本使现代主义趣味得以以一种做梦都没有想到过的规模传播出去。撇开其英雄形象，撇开其自称为一种敌对的感受力，现代主义已被证明与高级消费社会的精粹极其和谐。现在，艺术是名目繁多的满足的别名，代表着无限制的剧增和贬值，代表着满足本身。在一个充斥着阿谀奉承的地方，做成一部杰作似乎是一种倒退的举动，一种天真的成功。杰作总是难以令人置信（就和有人为之辩护的妄自尊大一样），现在，杰作真是凤毛麟角了。杰作倡导巨大的、严肃的、具有约束性的种种满足。它坚持认为，艺术必须是真实的，而非仅仅有趣；艺术是一种必需，而非仅仅是一种实验。杰作使别的作品相形见绌，它向当代趣味那种轻率的折中主义提出挑战，它将赞赏者抛入一种危机状态之中。

✓　✓　✓

人们因西贝尔贝格的艺术（二十世纪的那门艺术：电

影）和题材（二十世纪的*那个*题材：希特勒）而认为他重要。对他的这些认识是我们所熟悉的、不加修饰的，也是合乎情理的。但是，我们未曾料到他会以这样的规模和精湛技巧来处理这些终极的题材：地狱、失乐园、启示录、人类末日。西贝尔贝格以现代主义反讽给浪漫主义的勃勃雄心泼了点冷水，于是，他提供了一个关于场景的场景：通过许多不同的戏剧方式——童话故事、马戏表演、道德剧、寓言场景、神魔仪式、哲学对话、死的舞蹈①，驱使着想象出来的由数千万演员组成的剧组，而且领衔主演的即魔鬼本人，从而表现被称之为历史的"盛大场面"。

浪漫主义对于最大极限的一些观念，如横溢的才华、终极的题材、涵盖面最广的艺术，正合西贝尔贝格的心意，这些观念带来一种无限可能性的感觉。西贝尔贝格相信自己的艺术足以表现其伟大的题材；他有这份自信，因为在他看来，电影是一种认知方式，它能激发思考，使它采取一种自省的转向。他是通过考察我们与希特勒的关系来描写希特勒的（主题是"我们的希特勒"和"我们身上的希特勒"），正如在西贝尔贝格的电影里，纳粹时代那无法消除的恐惧是以意象或符号再现出来的一样；无法消除是有道理的。（片名不是《希特勒》，而正是《希特勒，一部……电影》。）

---

① 原文为 Totentanz。在艺术史上，死的舞蹈是中世纪绘画题材，象征死亡的骷髅带领众人走向坟墓的舞蹈，显示人类平等及死亡的力量。——译者

要令人信服地模拟暴行，就要冒险使观众变得被动、强化愚蠢的成见、确认距离的存在以及创造迷恋。西贝尔贝格相信，电影制作人应能找到一种道德上（和美学上）正确的方法来面对纳粹主义，所以，他就没有遵循任何被视为现实主义的小说的风格传统。他也不能靠文献来展示其"真实"面目。像其模拟成小说一样，以图片证据的形式来展示暴行便要冒不言而喻的色情的风险。进一步说，没有任何中介，它传达的历史真相便是无足轻重的。纳粹时期的电影剪片不能作自我辩护；它们需要一个声音来解释、评论、阐述。但是，画外音与纪录片的关系，如同字幕与剧照的关系一样，仅仅是依附着的。与大多数纪录片中伪客观的叙述风格相反，西贝尔贝格的电影中始终回响着的那两个沉思的声音，不断地在表达痛苦、悲伤和惊愕。

西贝尔贝格倡导一种现在时镜头场面——"脑中的冒险"，而非通过尝试去模拟"不可重复的现实"（西贝尔贝格语），或通过将其展现于图片资料中来设计出一种过去时镜头。当然，对他这样一位坚定的反现实主义美学家来讲，历史现实从定义上讲便是不可重复的。现实只能被间接把握——即通过反射在镜子里，或者搬上心灵的戏剧舞台才能看到。西贝尔贝格的提纲挈领式戏剧极其主观，尽管未到唯我论的程度。这是部鬼片——出没其中的是他心目中电影制作方面伟大的偶像（如梅里爱、爱森斯坦）和反偶像（如里芬斯塔尔、好莱坞），以及德国浪漫主义；其中尤其有瓦格纳的音乐及瓦格纳的例子。这部在主人公死后拍摄的影片，出现在电影艺术史无前例的平庸时代——充满了影迷的神话，认为电影是理想的想象空间，电影史是二十世纪的典范历史（斯大林对爱森斯坦的迫害，好莱坞将冯·施特罗海姆的逐出）；这一时代也充斥着影迷的夸张之辞：他将里芬斯塔尔的《意志的胜利》称作希特勒"惟一永恒的纪念碑，除开他发动的战争的新闻片"。这部片子别出心裁之处，在于从未视察过前线、靠每夜看新闻片来考察战争的希特勒却是某种电影制作人。纳粹德国：希特勒拍的一部片子。

✓ ✓ ✓

西贝尔贝格将其影片拍成了一部幻影汇集：瓦格纳赞同的那种沉思-感性形式，这一形式拉长了时间，结果拍出的电影被那些不热心的观众认为过于冗长。他的这部片子长达七小时，真够消耗体力的了；像《尼伯龙根的指环》一样，这也是个四部曲。片名分别是《希特勒：一部德国电影》、《一个德国梦》、《一个冬天故事的结局》和《我们：地狱之子》。这是一部电影，也是一场梦，一个故事，一座地狱。

瓦格纳为其四部曲设计了像德·米尔^①那样的奢华装

---

① De Mille（一八八一——一九五九），美国电影制片人、导演，所摄影片以豪华壮观的场面和布景取胜，主要有《十诫》、《万王之王》、《参孙与大利拉》等。——译者

饰。与此相对照的是，西贝尔贝格的电影是一部投资不多的幻想作品。一九七七年在慕尼黑拍片用的大录音棚被布置成一种超现实的布景（片子经过四年的准备，二十天即封镜）。片头的宽银幕拍摄的一组镜头呈现出许多简单的道具，它们将在各个场景里出现，也表明西贝尔贝格会把这一空间作多种用途：作为沉思的空间（柳条椅，普通的桌子，大枝形吊灯）；作为戏剧式陈述的空间（导演的帆布椅，一个巨大的黑话筒和大脸谱）；象征的空间（丢勒《忧郁（I）》中的多面体模型，从《女武神》① 首次制作的场景弄来的白蜡树模型）；一个道德评判的空间（一个大地球仪，跟真人一样大小的橡胶性玩偶）；一个忧郁的空间（散落了一地的枯树叶）。

设计这一充满寓言的荒野（作为地狱的边境、作为月球）是为了以群众当代的，即死后的形式来吸引住他们。它确实是死亡地带，是瓦尔哈拉殿堂② 在电影里的反映。因为纳粹灾难情节剧中的所有人物都是死者，我们所见到的只是他们的鬼魂——作为傀儡、幽灵，以及对他们自身的夸张模仿。狂欢滑稽短剧与独唱特写镜头和独白、叙述和沉思交替出现。两位沉思的人物（安德烈·海勒和哈里·贝尔）在银幕上时隐时现，不断地演出智性的旋律——除了影片多重人

---

① *Die Walküre*，瓦格纳《尼伯龙根的指环》第二部分。——译者
② Valhalla，北欧神话中主神兼死神奥丁接待战死者英灵的殿堂。——译者

物形象塑造及其背后的意识，还有列出的单子、判断、问题、历史轶闻。

西贝尔贝格历史史诗的灵感是电影本身（"我们内心投射的世界"），由"黑玛丽"再现在荒原场景上；"黑玛丽"是一八九三年为托马斯·爱迪生建造、用作第一座摄影棚的油毛毡小屋。通过联想起作为"黑玛丽"拍出的电影，即联想起技艺上的白手起家，西贝尔贝格也显示了自己的成就。这位在技术上是个天才的幻想发明家调遣了一个小剧组，很多又长又复杂的镜头只允许一次拍摄成功，他却成功地拍完了所有他预期想拍的东西；这一效果全部体现在银幕上。（整个片子花费仅五十万美元，也许只有像这样一部低成本的片子才能完全体现单个独创者的意图和临场发挥。）凭着这一节俭的电影制作方式，带着刻意天真的标识，西贝尔贝格拍出了一部既朴素又奢侈、从容而且豪华的巨片。

西贝尔贝格一遍又一遍地复制和运用主要因素，以此从他那有限的资金途径来拍摄镜头场面。让每个演员扮演几个角色，这一通过布莱希特激发出的灵感而确立的传统是这种多重用途的美学的一个方面。许多东西在片中至少出现两次，一次与原物或真人一样大小，另一次则是微型——比如，一物及其照片；所有的纳粹巨头均由演员以及木偶扮演。爱迪生的"黑玛丽"这座最初的摄影棚，以四种途径呈现出来：作为一个大结构，事实上是作为大布景的主要物件，从这个大结构中演员们出场、消失；用作两种尺寸的玩具结构，小一点的用在玻璃球体中的雪景上，演员能将之拿在手里，摇晃，面对它沉思；也可以借助于放大的地球仪照片来表现。

西贝尔贝格运用多种方法、多重声音。剧本混合了想象性话语，以及希特勒、希姆莱[①]、戈培尔、斯皮尔，及其后台人物，如希姆莱的芬兰男按摩师费利克斯·克斯滕、希特勒的贴身男仆卡尔-威廉·克劳斯等人的原声再现[②]。复杂的声迹经常同时提供两种文本。演员的台词声不时夹杂着盖过他们声音的历史音像资料，比如希特勒和戈培尔的演讲片断，还有德国电台和BBC播报的战时新闻片断——这构成一种听觉背景放映。连贯的话语中也包括了以引文（经常不说出处）形式出现的文化指涉，比如爱因斯坦论战争与和平，马里内蒂《未来主义宣言》中的一个段落，还有就是德国音乐大师，主要是瓦格纳的音乐片断越来越强，整个弄成了语言复调。一段摘自比如说《特里斯坦和伊索尔德》[③]，或者贝多芬《第九交响曲》的合唱部分的片断被用作另一种历史引文，对演员同时在说的东西进行补充，或加以评论。

[①] Himmler, Heinrich（一九〇〇——一九四五），纳粹德国秘密警察头子、战犯。一九四五年五月，纳粹德国战败后，被英国军队捕获，一九四五年五月二十三日服毒自杀。——译者
[②] 原文为 ipsissima verba。——译者
[③] 瓦格纳的歌剧。——译者

银幕上，许多各不相同的象征性道具和形象提供了更丰富的联想。多雷为《地狱篇》和《圣经》所完成的版画作品，格拉夫画的腓特烈大帝的肖像，同样来自梅里爱的《月球之行》中的签名，朗格的《早晨》，还有卡斯珀·戴维·弗里德里希的《结冰之洋》均（通过幻灯投影这一高明技巧）出现在演员身后的视觉指涉之列。形象的建构与声迹的混合原则一样，不过我们虽能听到许多历史声像资料，西贝尔贝格却很少用纳粹时代的视觉资料。

如果说梅里爱在前台，那么，吕米埃就完全是在背景之中。西贝尔贝格的虚拟场景差不多吞没了照片资料：我们在电影里看到纳粹现实的时候，它是作为电影为我们所见的。在一个坐在那里沉思的演员背后，隐约出现八到十六毫米大小的希特勒的连续镜头——模模糊糊，极不真实。这些镜头并非要用来呈现什么东西的"真实"面目：电影剪片、绘画作品的幻灯、电影剧照的功能全都一样。演员在放大的照片前面表演，照片上是无人的传奇地带：路德维希二世在林德霍夫宫的维纳斯神洞的空洞的、几乎是抽象的、比例奇怪的景致，瓦格纳在拜罗伊特的别墅，柏林的第三帝国总理府的会议室，希特勒的贝希特斯加登别墅的台阶，奥斯威辛的焚尸炉等等是一种更为程式化的指涉。它们同时也是一种鬼魅般的装饰而非一种"真实的"布景，借此，西贝尔贝格就能运用一些令人联想起梅里爱运用过的幻梦般的技巧——让演员好像在一张深焦的照片中行走：一个场景结束的时候，演员就转过身去，消失在浑然一体的背景之中。

观众是通过间接提及、通过幻想和引文的方式来了解纳粹主义的。引文既有如实的，如奥斯威辛幸存者的证词，更多的则是幻想式的互相参照——比如，歇斯底里的党卫军士兵朗诵那个谋杀儿童者的请求（来自朗的《M》）；或者希特勒在发表言辞激烈的长篇演讲，为自己开脱，他身穿一件旧袍，从理夏德·瓦格纳的坟墓中升起，他引用的是夏洛克的话："如果你们用针刺我们，难道我们不会流血吗？"如同照片和道具一样，演员也是替身。多数演讲均是独白或单人剧，不管是单个演员直接对着镜头，即对着观众叙述，还是演员半自言自语（比如希姆莱和他的男按摩师的那场戏），抑或在一排人当中慷慨陈词（地狱里腐烂的木偶）。如同在超现实主义场景中那样，死者的出现是对所谓活着的人所作的一种讽刺性评价。演员对着希特勒、戈培尔、戈林、希姆莱、爱娃·勃劳恩、斯皮尔等人的木偶说话，或者以它们的口吻说话。好几场戏将演员置于百货商店人体模型中间，或放在德国默片中的传奇式食尸鬼（马布斯，阿尔劳恩，卡利加里，诺斯费拉图）的剪样中间，以及由奥古斯特·桑德拍摄的典型德国人的剪图中间，都和真人一样大小。希特勒以各种形式反复出现，通过记忆、诙谐模仿和历史嘲弄等手法描绘出来。

引文在电影里；电影成为不同文体的引文集锦。为了以多种面貌、从许多不同的视角将希特勒呈现出来，西贝尔贝格利用了各不相同的文体材料：它们来自瓦格纳、梅里爱、布莱希特的间离技巧，同性恋巴洛克和木偶剧。这一折中主义是一位极其自觉的、博学的、热情洋溢的艺术家的标志，他对不同文体材料的选择（将高雅艺术和通俗作品结合起来）并不像看起来的那么随意。西贝尔贝格的电影完全是折中主义形态下的超现实主义作品。超现实主义是浪漫主义趣味的一个后期变体，是假定了一个破碎的、人死后的世界的浪漫主义。它是一种带着倾向于混成作品的浪漫主义趣味。超现实主义作品的推进有赖于分割和重新聚集的传统，体现出怜悯和反讽的精神；这些传统包括概述（或可以不断添加内容的单子）；通过缩微化来复制的技巧；引文艺术的高度发达。通过这些传统，尤其是视觉引文和听觉引文的循环往复，西贝尔贝格的片子同时容纳了许许多多的时空——这也就是其戏剧反讽和视觉反讽的主要手法。

他最大的反讽就是将他对希特勒的思考当作某种简单的东西呈现出来，以此来嘲弄所有这些复杂，即当着一个孩子的面讲述一则故事。他九岁的女儿是一言不发、梦游般的见证人；她头戴赛璐珞环，徘徊着走过地狱那氤氲缭绕的场景；整场电影四个部分都以她的出现开场，又以她的出场而结束。爱丽丝漫游奇境记，电影中的精灵——在片中用她肯定有这样的意图。此外，西贝尔贝格的片子也让人想起忧郁的象征主义，让人将孩子等同于丢勒的《忧郁》：电影结尾处，她被置放于大大的一滴眼泪之中，凝望着星空。不管这象征什么，该意象受到超现实主义趣味的影响很大。梦游者的状况是超现实主义叙述的一个传统。从超现实主义景观中走过的人典型地处于一种梦幻般的平静状态之中。带人走过一种超现实主义景观的举动总是不切实际的——无望、着魔；而且，终归于自我关注。电影中一个为超现实主义者钦羡的标志性意象是勒杜的《反映贝藏松剧院内部的眼睛》（一八〇四）。勒杜的眼睛首先出现在布景的一张平面照片上。而后，它成为一个立体建构物，一只作为剧院的眼睛，其中，叙述者之一（贝尔）看得到被投射在后面的自己，这是西贝尔贝格一部更早的、他领衔主演的片子，即《路德维希，圣父的挽歌》。正如勒杜将自己的剧院置于一只眼睛之中那样，西贝尔贝格将他的影片置于心灵之中，在这里，一切联想均是可能的。

如果没有超现实主义趣味所引进的自由和反讽，西贝尔贝格所有的戏剧手法和戏剧意象的组成便似乎是不可想象的，也反映其许多显著的超现实主义影响。恐怖戏剧[①]、木偶戏、马戏和梅里爱的电影正是超现实主义者的酷爱之物。

---

① Grand Guignol，一种着重表现暴力、恐怖和色情的短剧，十九世纪流行于巴黎的酒吧，特别是在大木偶剧院（Le Grand Guignol），故名。——译者

对天真戏剧和原始电影的偏爱，对缩微化现实的物体的偏好，对北部浪漫主义（丢勒、布莱克、弗里德里希、朗格）艺术的偏好、对作为乌托邦幻想（勒杜）和作为个人谵妄（路德维希二世）的建筑的偏爱——包括所有这些因素的感受力均属超现实主义。但是，超现实主义还有西贝尔贝格不熟悉的层面——听凭偶然性和随意性的摆布；对晦涩的、无意义的、沉默的东西的着迷。他的装饰中没有任何随意、偶然的东西，没有任何一次性运用的意象或者物品缺乏情感力量；的确，西贝尔贝格电影里某些遗迹和意象分明具有个人护身符的力量。一切均有意味，一切都在表达。惟一沉默不语的人物，即西贝尔贝格的孩子，倒是对电影那毫不减弱的冗长和强度起到一种调节作用。电影里呈现在观众面前的一切都已经过大脑的思考。

历史在头脑中发生的时候，公众的、私人的神话便取得了同等地位。西贝尔贝格的电影不像其他巨片（人们常拿他的片子与这些巨片——《党同伐异》、《拿破仑传》、《伊凡雷帝（Ⅰ，Ⅱ）》和《二〇〇一》的史诗般的目标比较），他的片子既乐于考虑公众的东西，又愿意涉及私人的内容。公众的恶之神话是由私人的天真无邪的神话来架构的，这进而发展成两部较早的片子，即《路德维希》（一九七二，片长两小时二十分钟）和《卡尔·迈——寻找失乐园》（一九七四，片长三小时），这两部片子西贝尔贝格处理成他的《德国三部曲》前两部,第三部是《希特勒:一部德国电影》。路德维希二世这位瓦格纳的保护人和受害者,是不断出现的天真人物。西贝尔贝格的护身符意象之一——《路德维希》以此结束,这一意象在《希特勒:一部德国电影》中再次被运用——就是让路德维希以一个长着胡须、哭哭啼啼的孩子的形象出现。关于希特勒的这部电影开场的意象就是路德维希在慕尼黑的冬日花园——一幅天堂般的风景,构成风景的是阿尔卑斯山脉、棕榈林、湖泊、帐篷、软垫圈椅;这些贯穿《路德维希》始终。

这三部片子每部都相对独立,但因为它们被视为共同构成一个三部曲,所以,值得注意的是,《路德维希》比第二部片子《卡尔·迈》为《希特勒:一部德国电影》提供了更多的意象。《卡尔·迈》的部分内容因其"真实的"场景和演员,而更接近于《路德维希》及这部关于希特勒的更雄心勃勃也更深刻的无与伦比的影片中那种线性的、模仿的戏剧艺术。不过,如同所有喜欢混成作品的艺术家一样,西贝尔贝格对被理解成现实主义的东西感觉有限。混成作品作家的风格基本上是幻想的风格。

✓ ✓ ✓

西贝尔贝格设计了非常德国化的场景:道德化的恐怖秀。在贴身男仆平庸得令人难以忍受的叙述中,在对卓别林在《大独裁者》中扮演的希特勒的嘲弄中,在以恐怖戏剧形式演出的关于希特勒的精液的滑稽小品里，魔鬼都是一个熟悉的灵魂。片中甚至允许希特勒去分享缩微化的悲情感染力：在口技艺人膝盖上的希特勒-木偶（一会儿穿了衣服，一会儿又脱掉，一会儿又有人与之理论），那个小孩伤心地拿着长了一张希特勒的脸的布狗玩具。

这个场景表现出对德国历史和文化、纳粹政权以及第二次世界大战等事件及其中人物的熟悉；也自由而间接地涉及希特勒死后三十年间所发生的事情。一方面，现在会简化成过去的遗产，过去也会因其对未来的预见而被美化。在《路德维希》中，这一开放式结尾的历史叙述在路德维希一世引用布莱希特的话的时候，似乎像冷嘲（抑或是布莱希特式的？）。在《希特勒：一部德国电影》里，对不合时宜的人或物的讽刺更厉害。西贝尔贝格认为，纳粹主义事件不是一般历史进程、历史面貌的一部分。（"他们说世界末日到了，"其中有个负责把别人培养成木偶的人思忖着，"对，是到了。"）他的电影将"纳粹主义"这一词语（希特勒的、戈培尔的）作为在启示录中的一次投机、作为新冰河时代的一种宇宙论，换言之，作为罪恶的一种末日论来对待；其本身发生在一种时间尽头、一种弥赛亚时代（**本雅明语**），这一时代强调必须努力公平对待死者这一职责。所以，电影里才长时间严肃地报纳粹主义同谋的名单（"我们绝对不能忘记的那伙人"），然后报一些典型的受害者名单——这是电影似乎将要结束的几处节点之一。

西贝尔贝格以第一人称拍摄了这部影片:作为艺术家履行直面纳粹主义全面恐怖的德国人的职责。像过去许多德国知识分子一样,西贝尔贝格将其德国性处理为一种道德使命,将德国处理成欧洲冲突的战场。("二十世纪……一部德国电影,"片中一名沉思者如是说。)西贝尔贝格一九三五年生于后来的东德,一九五三年去了西德,从此一直在那里生活;但是,他拍这部电影的真实起因是不受管辖的精神之德国,其第一位伟大的公民是那位自封为还俗的浪漫者[①]的海涅,最后一位则是托马斯·曼。"成为欧洲各种对抗的精神战场——这就是做德国人的意味所在,"曼在他写于一战期间的《一个不关心政治的人的思考》中说,他的这些情感直到他于二十世纪四十年代后叶年迈时在流放中写作《浮士德博士》的时候都未改变。西贝尔贝格认为纳粹主义是德国恶魔的爆发,这一观点正如其过时地坚持认为德国集体犯罪("我们身上的希特勒"的主题)一样,令人联想起曼。叙述者不断发难,"没有我们,希特勒会是谁?"这也与曼相呼应,后者一九三九年撰写了一篇题为《希特勒兄弟》的文章,认为"整个事情就是瓦格纳主义的一个扭曲的阶段"。和曼一样,西贝尔贝格也认为纳粹主义是德国浪漫主义的畸

---

① 原文为 romantique défroqué。——译者

形结果——以及背叛。西贝尔贝格在纳粹时代长大成人，却与这么一个旧制度下的作家在如此多的主题上有共识。这似乎有点儿奇怪，但是，西贝尔贝格在感受力方面有许多老式的东西（或许，这是在共产主义国家接受教育的一个后果）——包括他那么鲜明地认同德国，而其最伟大的公民却生活在流放中。

尽管利用了希特勒的无数版本，以及对他的种种印象，这部片子却几乎未提出什么关于希特勒的观点。它们大多是在废墟上形成的论点：如"希特勒的所作所为"是"世界历史上撒旦原则的爆发"（迈内克的《德国的灾难》，写于《浮士德博士》两年前）；如霍克海默在《理性的没落》中提出的奥斯威辛是西方进步到一定阶段的必然结果的观点。始于二十世纪五十年代，欧洲在废墟上重建的时候，更复杂的关于纳粹主义的观点——政治的、社会的、经济的——开始盛行。（霍克海默最后否定了他一九四六年的观点。）在复兴那些三十年前未经调整的观点及其愤怒和悲观的过程中，西贝尔贝格的片子成为它们的道德合理性的一个强有力的例子。

西贝尔贝格提出倡议，希望我们真正去听一下希特勒所说的话——了解一下纳粹主义是或声称是的那种文化革命；了解一下纳粹主义过去是、现在仍然是的那种精神灾难。西贝尔贝格所说的希特勒并非仅仅指真实历史上的那个恶魔，那个造成上千万死难者的恶魔。他要我们关注的是希特勒死后不灭的希特勒-物质，一种现代文化中出现的幽灵，弥漫于现在并重构过去的一种变化多端的恶之原则。西贝尔贝格的片子提及了人们熟悉的系谱，真实的和象征的都有，从浪漫主义到希特勒、从瓦格纳到希特勒、从卡利加里到希特勒、从庸俗作品到希特勒。在夸大的悲痛中，他坚持一些新关系的确定：从希特勒到色情、从希特勒到联邦共和国的没有灵魂的消费社会、从希特勒到德意志民主共和国无礼的强制性高压统治。在如此处理希特勒的过程中，有某种道理，同时也有些令人感到牵强的地方。不错，希特勒是玷污了浪漫主义和瓦格纳，希特勒的幽灵回过头去在十九世纪德国文化的许多地方徘徊。（顺便一提，斯大林的幽灵倒没有跑到十九世纪俄国文化中徘徊。）但是，说希特勒促成了现代的、后希特勒易变的消费社会，这就不符合实情了。纳粹上台的时候，这样的消费社会早已出现。确实，与西贝尔贝格做法不同，希特勒从长远的角度看是一个不相干的因素，他企图阻止历史的进程；是共产主义，而非法西斯主义最终在欧洲至关重要，这些都可以提出来讨论。西贝尔贝格断言，德意志民主共和国就像一个纳粹国家。这倒更有道理，尽管他因此受到西德左翼势力的抨击；如同大多数在共产主义政权国家长大成人然后移居资产阶级-民主政权国家的知识分子一样，他对左翼显然不抱虔诚的态度。同样可以讨论的是，西贝尔贝格过分地简化了其作为道德家的使命，以至于像曼一样，将德国精神的历史等同于浪漫主义历史。

西贝尔贝格将历史视为灾难的这一观念让人回想起德国长期以来，从末世论的角度来看待历史，视之为精神史的传统。今天，东欧比德国更有可能持类似的观点。西贝尔贝格具有道德上的不妥协态度，对具体事件没有好感，同时，也具有来自俄罗斯帝国那些伟大的不容异说的艺术家所表现出的令人心碎的严肃；这些艺术家坚信精神因素高于物质（经济、政治）因素，坚信"左倾"和"右倾"范畴的无关性，也深信绝对恶的存在。西贝尔贝格对德国广泛地支持希特勒深感震惊，遂将德国人称为"撒旦民族"。

曼为总结纳粹恶魔而设计的魔鬼故事由某个对此一无所知的人来叙述。通过这个故事，曼暗指的意思是，这样绝对的恶最后有可能变得令人难以理解，或者，艺术难以把握。然而，《浮士德博士》叙述者的迟钝也强调得过头了。于是，曼的反讽产生了事与愿违的结果：赛雷努斯·蔡特布洛姆①的昏聩、缺乏理解力似乎表明曼承认其创作能力不足以充分表达悲伤。西贝尔贝格关于恶魔的片子虽然包裹在种种反讽之中，却明确无误地肯定了我们有能力去理解，也有义务去感到伤悲。他的影片可以说是致力于表现伤悲，所以片

---

① 长篇小说《浮士德博士》（一九四七）是托马斯·曼创作的第三部重要的代表作，小说中德国作曲家阿德里安·莱弗金的悲惨遭遇即由赛雷努斯·蔡特布洛姆转述。——译者

头片尾都是海涅那撕心裂肺的话语:"夜间,想到德国,睡眠便离我而去,我再也无法合眼,我泪流满面。"悲伤是贝尔和海勒那平静的、悔恨的、音乐性很强的独白的负担;他们各自的独白不是朗诵,也非慷慨陈词,他们只是大声地诉说出来。倾听这些充满悲伤的严肃而睿智的声音,本身即是使人文明化的一种体验。

影片没有丝毫的居高临下,却留下一笔带有纳粹时代的信息烙印的遗产。但是提供信息是假。影片设计出来,不是为了符合信息的一种标准,而是希望实现一种(假设的)疗治的理想。西贝尔贝格一再重申,他的片子要处理的是德国人"缺乏悲悼的能力",要从事的是"悲悼①的工作"。这些话让人联想起弗洛伊德在一战后期撰写的名文《悲悼与忧郁》,该文将忧郁与无法克服悲伤联系在一起;同时,这些话也让人想到这一思路在战后德国一部有影响的心理分析著作,即一九六七年德国出版的由亚历山大·米切利希、玛加蕾特·米切利希夫妇合著的《无力悲悼》,该书认为德国人受到集体忧郁症的折磨,这是不断否认他们对纳粹的过去负有集体责任、一再拒绝悲悼的结果。西贝尔贝格盗用了著名的米切利希命题(对他们的著作只字不提),但是,人们未必相信这一著作给了他拍这部片子的灵感。更有可能的是,

---

① 原文为 Trauerarbeit。——译者

西贝尔贝格在悲悼的观念中，为其重复和重新使用的美学观找到了一种心理上、道德上的正当理由。克服悲痛需要时间——以及大量的夸张。

就该片可以视为一种悲悼行为而言，有趣之处在于该行为是通过夸张和重复的方式以悲悼的风格而作出的。它提供了一种信息的外溢：饱和的方法。西贝尔贝格是表现过度的艺术家：思想是一种过度，是与希特勒联系在一起，由他而引发的沉思、意象、联想和情感的剩余生产。因此才有电影现在的片长、迂回的观点、几个并置的开头、四到五个不同的结局、许多不同的片名、多样的风格、针对希特勒的上上下下、里里外外的令人感到眩晕的视角切换，等等等等。最精彩的切换出现在第二部分，这里，希特勒的贴身男仆有一段长达四十分钟的独白，其中包括希特勒对内衣、剃须膏和早餐方面的喜好等让人着迷的细节，紧接着这一独白的是海勒关于星系的观点之不真实的沉思。（这是《二〇〇一》中的切换语言的对等物，在《二〇〇一》中，有从灵长目动物在空中扔骨头到宇宙飞船的切换——这无疑是电影史上最壮观的切换。）西贝尔贝格的想法是穷尽、彻底挖掘他的题材。

✓　　✓　　✓

西贝尔贝格以瓦格纳的标准来衡量自己雄心的大小，尽管在联邦共和国的消费社会要达到一个德国天才那传奇般的品质，又谈何容易。他认为，《希特勒：一部德国电影》不仅仅是一部电影，正如瓦格纳不希望《尼伯龙根的指环》和《帕西法尔》被视为歌剧或者歌剧院通常的保留剧目的一部分一样。该片的长度大胆而富有魅力，因此，该片不能以通常的方式发行，这非常的瓦格纳化，正如（直到最近）西贝尔贝格还是不愿意在特殊情境以外放映，提倡一种严肃性。此外，西贝尔贝格对透彻和深刻所怀有的理想也是瓦格纳式的；他的使命感也是如此；他认为艺术是激进行为这一点；他对丑闻的兴趣；他辩论时的充沛精力（他每写一篇文章，必定就是一篇宣言）；以及他对壮观场面的喜爱。确切地说，雄伟壮丽是西贝尔贝格伟大的题材。他的德国三部曲——《路德维希二世》、《卡尔·迈》和《希特勒》——的主人公一概都是夸大狂者、骗子、不顾后果的狂想者，以及壮观场面的艺术鉴赏家。（一九六七至一九七五年间，西贝尔贝格为德国电视拍摄的种类繁多的纪录片也表现出他对极其自信和自我着迷的迷恋，如：描写一个德国贵族家庭的《波奇伯爵》；德国影星的肖像画；关于瓦格纳的儿媳和希特勒的朋友的片长五小时的访谈片《威尔弗雷德·瓦格纳的忏悔录》。）

西贝尔贝格是一名伟大的瓦格纳追随者，是托马斯·曼以来最伟大的一名，但是，他对瓦格纳和德国浪漫主义宝库的态度却不仅仅是虔诚的，其中甚至包含了不少恶意，以及故意破坏文物者的意味。为了再现瓦格纳创作理论与实践的辉煌与失败,《希特勒:一部德国电影》运用、反复使用并戏仿了瓦格纳的因素。西贝尔贝格希望其影片成为一部《反帕西法尔》,对瓦格纳充满敌意是片子的主旨之一:瓦格纳与希特勒的精神联系。整部片子可以视为对瓦格纳的亵渎,这一亵渎的作出依赖于对姿势的模糊性的充分感觉,因为西贝尔贝格试图作为一个艺术家出入于他本人最深远的源头内外。(瓦恩弗里德别墅后瓦格纳和科西马的墓作为一个图景不断出现:当美国黑人士兵战后在该墓地大跳吉特巴的时候,这一场景讽刺了最徒劳的亵渎。)因为是从瓦格纳那里西贝尔贝格的片子获得了最大的激励——对崇高的直接而内在的要求。随着影片的开场,我们听到《帕西法尔》序曲的开头,看见GRAIL(圣杯)这个词以大块破体字母出现。西贝尔贝格声称,他的美学是瓦格纳式的,即音乐化的。但是,更正确的说法可能是,他的片子与瓦格纳之间是一种模仿的关系,在部分意义上也是寄生的关系——正如《尤利西斯》与英国文学史之间是一种寄生关系一样。

谈及电影作为造型艺术、音乐、文学和戏剧的一种综合所具有的前景,西贝尔贝格非常平实,比爱森斯坦平实;瓦格纳所持有的总体艺术作品的观念在现代得以实现。(人们常说,假使瓦格纳生活在二十世纪,他也会是个电影人。)但是,现代总体艺术作品倾向于成为似乎是不相干的因素的聚合而非一种综合。对西贝尔贝格来说，总有什么更多的、不同的东西要讲——正如他一九七二年拍摄的两部关于路德维希的电影所证明的那样。《路德维希·圣父的挽歌》是他的德国三部曲首部，对诸如科克托、卡尔梅洛·贝内和维尔纳·希罗特尔这样的电影制作人影片中反讽的戏剧性和颓废的悲情伤感力表达了狂热的敬意。另一部电影《特奥多尔·赫尼斯》(*Theodor Hirneis*) 是一部朴实的布莱希特式单人剧，片长九十分钟，惟一的角色是路德维希的厨师——这早于《希特勒：一部德国电影》里贴身男仆的叙述——其灵感来自布莱希特有关朱利叶斯·恺撒生活的未完成的小说，该小说叙述者是恺撒的奴隶。西贝尔贝格认为，他出道时是布莱希特的一个信徒，一九五二至一九五三年间，他在东柏林将几部布莱希特的作品搬上了银幕。

根据西贝尔贝格本人的说法，他的作品来自"布莱希特/瓦格纳二元性"；这是他声称已经"追求到"的"美学丑闻"。访谈中，他始终将两位称为他的美学父辈。部分原因（可以说）是希望用其中一人的政治抵消另一人的政治，使自己超越左翼右翼的问题；另一部分原因是希望以比他本来更不偏不倚的面目出现。但是，他不可避免更多地是一位瓦格纳式而非布莱希特式的人物，因为那种包容性的瓦格纳式美学吸纳两种相反的情感（包括道德情感和政治偏见）的方式。在瓦格纳的音乐中，波德莱尔听到"一个被驱赶到极地的灵魂所发出的最后的尖叫"，而尼采即使不再对瓦格纳抱任何希望，仍旧对他褒扬有加，认为他是一个伟大的"微型图画画家"，以及"音乐里我们最伟大的忧郁症患者"——两者都对。瓦格纳的两种相反的情感重现于西贝尔贝格的影片中：激进的民主党与右翼杰出人物统治论者，美学家与道德家，豪言壮语与伤心懊恼。

西贝尔贝格在争辩方面的系谱，布莱希特/瓦格纳，遮蔽了其他方面对该片的影响；尤其是超现实主义反讽和意象。但是，即使是瓦格纳的作用，似乎也是一件比西贝尔贝格对瓦格纳的艺术和生活的着迷所能表明的来得复杂的事情。除了西贝尔贝格利用（人们真禁不住要说"盗用"）的瓦格纳，这种瓦格纳主义，确切地说，是一种被稀释了的东西——这是产生于瓦格纳美学的一种迟来的、令人着迷的艺术范例，即象征主义。（象征主义和超现实主义均可视作浪漫主义感受力的后期发展。）象征主义是变成所有艺术的一种创造过程的瓦格纳美学，更为主观化，也更趋于抽象。瓦格纳所希望的是一种理想的戏剧，一种清除了干扰和不相干因素后的最大情感的戏剧。这样，瓦格纳选择将拜罗伊特节日文艺会演的剧院管弦乐队藏在一只黑色木贝壳下面，并曾俏皮地说，发明了那看不见的管弦乐队，他希望能够发明看不见的舞台。象征主义者找到了看不见的舞台。可以说，事件将从现实中抽绎出来，在心灵的理想剧院中重新搬上舞台。①而瓦格纳就看不见的舞台的幻想在非物质的舞台——电影——中得到了更为真正意义上的实现。

西贝尔贝格的片子是电影所具有的象征主义潜力的权威艺术表达，也很可能是本世纪最为雄心勃勃的象征主义作品。他认为电影是一种理想的精神活动，既是感官的，又是思考的，它从现实停步之处起步：电影不是作为现实的创造，而是作为"通过其他途径来完成的现实的继续"。西贝尔贝格在录音棚里对历史的沉思中，事件（依靠超现实主义艺术手法的帮助）被视觉化了，同时，又在更深刻的意义上看不见（此为象征主义理想）。但是，由于《希特勒：一部德国电影》缺乏象征主义作品典型的文体同一性，因此，该片具有一种象征主义者认为的粗俗并因之舍弃的活力。其种种杂质也使这部影片在确保其表现范围的模糊性和广泛性未有丝毫减弱的情况下，避免成为稀薄、排外的象征主义作品。

✓　　✓　　✓

象征主义艺术家尤其是一种心智，一种（祛除了瓦格纳式的雄壮和强度的）创造者心智，什么都能看到，并能渗透

---

① 雅克·里维埃尔写道：象征主义艺术家"没有试图在其自身以外创作最大的可能的现实，而是试图在其内心尽可能多地消费……他提供自己的心灵，作为一种理想的剧院，在此，（事件）可以表演出来，却又看不见"。里维埃尔的象征主义论《惊险小说》（一九一三）是我所知道的最佳相关论述。

进其题材，又能超越它。西贝尔贝格对希特勒所作的思考有着这一心智通常所具有的专横，又有着过于扩展的象征主义精神结构所表现出的典型的松懈：以"我以为……"这种句式开始的缺乏力度的论辩，以及旨在激发而非解释的无动词句。到处都是结论，但又什么都结束不了。象征主义叙事的各个部分同时存在的，即一切都同时存在于这一高人一等的、专横的心智之中。

这一心智的功能不是讲故事（正如里维埃尔所指出的那样，故事开始就在心智的后面），而是带来大量的意义。情节、人物、对舞台布景的个人偏好能够有，而且最好真的有多重意义——譬如，西贝尔贝格赋予小孩这一人物身上的意义。他似乎在从一个更为主观的立场出发，寻找爱森斯坦用其"暗示蒙太奇"理论所限定的东西。（爱森斯坦认为自己继承了瓦格纳及总体艺术作品的传统，还在自己的写作中大量引证法国象征主义作品，他是电影界象征主义美学最伟大的倡导者。）该片溢满了从各种渠道进入的意义，布景上纪念品和护身符具有观众不能知道的更多的意味。[①]象征主义

[①] 例如，西贝尔贝格在贝尔的桌上放了一块木头。这是从路德维希在林德霍夫的剧院（一九四五年被烧毁）弄来的，建造该剧院的灵感来自《女武神》第一幕头两场演出的设计；布景别处还有一块来自拜罗伊特的石头，来自希特勒在贝希特斯加登别墅的一件遗物，以及其他宝贝东西。有一处，演员佩戴了护身符；西贝尔贝格让海勒带些他所认为的珍贵物品，海勒在第二部分结束处所作的关于宇宙的独白和第四部的长篇独白时，他带的约瑟夫·罗特照片和一尊小小的佛陀像在桌上一眼就能看到（假如人们知道它们在那里的话）。

土星照命

艺术家主要不是对展示、解释和交流感兴趣。西贝尔贝格的戏剧艺术体现在那些不能给予回音的讲话上：对死者（人们能将词语放进他们的嘴巴）和某人自己的女儿（她没有台词）；西贝尔贝格这样做似乎是合适的。象征主义叙事总是一件身后发生的事情；其题材完全是某种假定的东西。因此，象征主义艺术是密集的、困难的，这是该艺术的一个标志。西贝尔贝格（间断性地）在诉诸另一种了解的过程，正如电影中一个主要标志所表明的那样，即勒杜以眼睛形式出现的理想剧院——给予同情和谅解的眼睛；这是智慧之眼，独有知识之眼。但西贝尔贝格希望、满心希望他的电影观众看得懂，因此，片子有些部分过于直白，就如其他部分编了码似的难解一样。

心灵与其题材的象征主义关系在题材被征服、被消除、被耗尽的时候便臻于圆满。这样，西贝尔贝格最别出心裁之处即是，用其影片，他也许已经"击败了"希特勒——驱除了希特勒身上的恶魔。这一大胆得令人喝彩的夸张完成了西贝尔贝格对作为一个形象的希特勒的深刻理解。（如果可以从《卡里加利博士的小屋》到希特勒，那么，为什么不能从希特勒到《希特勒：一部德国电影》呢？正中靶心。）从他所持有的想象的最高权威的浪漫主义观点、他对知识的种种深奥观念的玩弄及其艺术作为魔术或精神炼金术的观念，以及作为邪恶力量提供者的想象的观念中也能得出这样的结果。

海勒在第四部分的独白导致了能被视为电影独有力量的隐喻神话的列举——从爱迪生的"黑玛丽"摄影棚("我们想象的黑色摄影棚"),使人想起(卡巴的、丢勒的《忧郁症》中作为影片复杂意象的主要意象)的一块块黑石,并以一个现代意象——电影作为想象的黑洞——而结束。就如一个黑洞,或者我们对黑洞的幻想,电影使时空塌坍。这一意象完美地描写了西贝尔贝格片子的极度流畅:它坚持同时占有时空。西贝尔贝格主观电影的个人神话以科幻小说中一个意象结束,这似乎是合适的。由这些勃勃雄心和道德能量产生的主观电影非常合乎逻辑地变成科幻小说。于是,西贝尔贝格的影片以星星开始,以星星和一个星孩结束,一如《二〇〇一》。

西贝尔贝格通过神话和戏仿、童话和科幻小说描绘出希特勒的形象,来举行其世俗化仪式:圣杯已毁(西贝尔贝格的《反帕西法尔》开头结尾用的词都是圣杯——这是电影真正的片名);允许不再做赎罪之梦。西贝尔贝格为其将历史神话化辩护,认为这是怀疑论者的事业:作为"反讽和怜悯之母"的神话,而非刺激出新信仰系统的神话。但是,如果一个人相信希特勒是德国的"命运",那么,就难说他是个怀疑论者。西贝尔贝格是一位希望左右——全方位——逢源的艺术家。其影片的方法是矛盾、反讽。发挥他对天真所具有的才华的同时，他也声称要超越这一复杂性。他津津乐道于天真和怜悯的观念——浪漫的理想主义传统之所在；围绕一个孩子（他女儿，朗格《早晨》中的婴孩，路德维希作为一个蓄须的、哭泣的小孩）所说的废话；对净化了其复杂性和平庸的一个理想世界怀有的梦想。

西贝尔贝格的三部曲较早的部分是对天堂的最后梦想者所画的挽歌式肖像：路德维希二世，他建造了作为舞台布景的城堡，并为瓦格纳在拜罗伊特的梦工厂付出代价；卡尔·迈，在他极其畅销的小说中，将美国印第安人、阿拉伯人和其他外国人浪漫化，这些小说中最有名的是《温尼图》，它记录了现代技术文明的到来对美和勇敢的摧毁。路德维希和卡尔·迈之所以吸引西贝尔贝格，原因就在于他们是英勇的、天生注定的伟大拒绝的实践者，即拒绝现代工业文明。西贝尔贝格最讨厌的，譬如色情和文化的商业化，他认为都是现代的东西。（站在这一完全超越了现代的立场上，西贝尔贝格让人联想起《艺术与危机》的作者——汉斯·塞德尔迈尔；二十世纪五十年代，西贝尔贝格曾与他在慕尼黑大学修艺术史。）该片是一部对现代与前现代、反现代表示悲悼的作品。如果说，希特勒也是个如西贝尔贝格所谓的"乌托邦主义者"，那么，西贝尔贝格便注定是一个后乌托邦主义者，即认为乌托邦情感已经被无望地亵渎了的乌托邦主义者。西贝尔贝格不相信存在什么"新人类"——这恰恰是左右翼发动文化革命的永恒主题。尽管他为浪漫主义天才的信条所深深吸引，但是，他真正崇尚的是歌德、是一种全身心健康。

当然，在西贝尔贝格的片子里，人们能看到种种常见的矛盾之处——乌托邦诗，乌托邦的无用；理性主义与魔幻神奇。这只能进一步说明《希特勒：一部德国电影》究竟是一部怎样的影片。要将乌托邦的怀旧与反乌托邦幻想和梦想的混合戏剧化，以及表现世界在终结同时又重新起始这样的信念，科幻小说是最合适的文类。西贝尔贝格关于历史的片子同时也是道德科幻小说、文化科幻小说。是"歌德-汉斯号"星际飞船。

西贝尔贝格以一种忧郁的、稀释了的形式，成功地表现了瓦格纳关于艺术是治疗、赎罪和净化等观念的某种东西，并使之永恒。他将电影称为对现代历史所造成的毁灭的"最美的补偿"，对"我们被进步所压制的感觉"的一种"赎罪"。此艺术确实能够通过好于现实来弥补现实的不足——这是超现实主义的根本信念。在西贝尔贝格那里，电影成为最终的、最具有容纳性和精神性的天堂。这一观念令人联想起戈达尔。西贝尔贝格的影迷是其电影的巨大悲情感染力的另一部分；也许是其惟一无意识的悲情感染力。不管西贝尔贝格说什么，总之，电影现在是另一个失去的乐园。在电影史无前例的平庸年代，他的杰作有点儿身后事件的品格特征。

✓   ✓   ✓

在讥讽自然主义中,浪漫主义者发展出一种忧郁的风格:以艺术家与社会之间的冲突为中心的、极端个人的、受其折磨的"我"的伸展。对自我困境这一浪漫主义观念,托马斯·曼做出了最后的深刻表达。像西贝尔贝格这样的后浪漫主义者则运用一种非个人的、忧郁的风格来创作。现在,中心问题是记忆与过去的关系:记忆的可能、继续的可能与遗忘的诱惑之间的冲突。贝克特提供了有关这一冲突的非历史版本。西贝尔贝格的则是该冲突的另一版本,它着迷于历史。

了解过去,并因此为过去驱除邪魔,这是西贝尔贝格最大的道德目标。他的问题在于他不能放弃任何东西。他的题材非常宏大——西贝尔贝格所做的一切使该题材更大,以至于他必须在题材之外占许多位置。在西贝尔贝格激情燃烧的巨片里,差不多什么都能发现(除了缺少一种马克思主义分析,没有一丁点儿女性意识)。尽管他试图保持沉默(譬如孩子、星星),他无法不讲话;他非常热心、急切。该片即将结束时,西贝尔贝格希望再制作一个令人陶醉的意象。即使最后电影结束了,他仍有话要说,还在加附笔:海涅的墓志铭、摩加迪沙-施塔姆海姆的引文、最后一个神谕式的西贝尔贝格判决书,以及最后一次提到圣杯。影片本身就是一个世界的创造，（人们感到）其创造者欲从中脱身，是一件极其困难的事情——就像对片子啧啧称赞的观众一样；移情艺术的运用产生一种结尾时感官上的痛苦、一种焦虑。迷失在想象的黑洞里，电影制片人只得让一切都在他面前经过，他认同一切，同时又一切都不认同。

本雅明认为，对历史的真实——即公正——的理解始于忧郁。他在其最后一篇文章中谈到，对历史的真正理解是"一种源于心之懒散、生趣尽失的移情过程"。本雅明所持有的这一肯定性、有作用的忧郁观，西贝尔贝格有一定程度上的认同，他运用了一些忧郁象征来加强影片的效果。但是，西贝尔贝格不具有土星气质的那种犹豫、缓慢、复杂、紧张。西贝尔贝格不是一位真正的忧郁症患者，而是个洋洋得意、容易兴奋的人。①不过，他运用了忧郁症患者的标志性工具——讽喻道具、护身符、秘密的自我指涉；以及在愤慨与热情方面所具有的横溢的才华，他是在做"悲悼的工作"。"悲悼"这个词首次出现是在他一九七五年以威尔弗雷德·瓦格纳为题材拍摄的影片片尾。在那里，我们看到："本片是汉斯·尤尔根·西贝尔贝格的悲悼的一部分。"而我们看到西贝尔贝格在微笑。

西贝尔贝格是一位真正的挽歌作者。但是，他的影片是

---

① 原文为 exalté。——译者

鼓舞人心的。戈达尔后期影片中诗意的、嗓音嘶哑的、不自信的速语症揭示出更加阴郁的信念,即讲话决不会驱除任何东西的邪魔;与戈达尔镜头之外的沉思形成对照的是,西贝尔贝格人物(海勒和贝尔)的沉思充满了平静的自信。西贝尔贝格的性情似乎恰好与戈达尔相反,他对语言、话语和雄辩本身非常自信。该片试图说明一切。西贝尔贝格属于像瓦格纳、阿尔托、塞利纳和后期的乔伊斯这样的艺术家行列,作品一旦推出,其他作品便立即灰飞烟灭。他们全是这样的艺术家:没完没了地说着,无穷无尽的旋律——有一个声音继续、再继续。贝克特若非因为某种抑制性力量——清醒?优雅?行为举止得体?精力不够?抑或更大的绝望——他也会成为这样一个艺术家;戈达尔亦复如此,假如他没有对讲话、对感情(同情和排斥)的抑制表示怀疑的话,那种情感抑制源自"话语无能"的感觉。西贝尔贝格成功地摆脱了对这些标准的怀疑——即其主要作用现在似乎是去抑制的这些怀疑。结果则是非常优秀的一部影片,其情感表现力、巨大的视觉美感、其真诚、道德激情、其对思考价值的关注都出类拔萃,非同一般。

这部影片希望面面俱到。在《希特勒:一部德国电影》中,西贝尔贝格史无前例的高远之志不同于人们在电影中看到的,而是另一种规模的东西。这部作品需要某种特殊的注意力和党派心;它希望人们去思考、一看再看。人们越是明白该片风格上的参照和知识,它就越能产生共鸣。(以混成作品形式出现的伟大艺术无一例外地值得研究,并会有所收获,正如乔伊斯大胆断言的那样,其作品的理想读者是那些能奉献一辈子来钻研它们的人。)西贝尔贝格的片子属于那种高贵的杰作之列,这样的片子诉求忠实,而且观众也会不由自主地忠实于它。看过《希特勒:一部德国电影》,人们才意识到还有西贝尔贝格的片子——当然,还有其他一些片子,人们会喜欢。(哎!这年头这样的好片儿可不多见。)正如人们懊恼地说起瓦格纳那样,他也令我们无法容忍别人的电影。

[一九七九]

纪念巴特

上星期罗兰·巴特去世，享年六十四岁，但其生涯却比这一年龄所表明的还要短暂，因为出版处女作的时候，他已经三十七岁了。不过，迟迟出道以后却著作丰硕，论题广泛。人们感觉，他好像任何话题都能说得头头是道。让他面对一个雪茄烟盒，他就会有一个想法，两个想法，然后许多想法——一篇文章就成了。这不是学问的问题（他论及的一些题目他不可能知道得很多），而是个思想是否敏锐的问题，是个一旦什么东西游入注意之流，能否立即认真写出就其所能思考的东西的问题。他似乎总有一张分类的好网，能将独特的事情一网打尽。

年轻的时候，他曾在一家地方性先锋戏剧公司登台演戏，撰写剧评。等到后来开始全身心投入写作，他的作品便染上了某种戏剧的色彩，并表现出对外表的强烈的爱。他对观念的理解是戏剧性的：一个观念总是与另一观念发生冲突。置身于专门的法国知识分子舞台，他便拿起武器，抵抗传统的敌人：福楼拜所谓的"被普遍接受的观念"，即逐渐被称作"资产阶级"心态的东西;马克思痛斥的错误意识观念,萨特及其信徒痛斥的不诚实;拥有古典文学学位的巴特后来贴上"当前的观念"①的东西。

他二战后在萨特的道德问题主义的阴影下,以文学是什么的宣言(《写作的零度》[Writing Degree Zero])和对资产阶级阵营的偶像的巧妙刻画而成名(这些文章收入《神话学》[Mythologies])。他所有的著作均是论战性的,然而,其性情中最为深刻的冲动并非好战,而是赞美。他动辄就被肤浅愚钝和虚伪所激怒,立即批驳一通,但是,这样的批驳渐渐地偃息了。他更感兴趣的是给予表扬,与人分享激情。他是快乐的分类学家,也是思想最认真的自由驰骋的分类学家。

让他着迷的是精神分类,所以,才有了他大胆的著作《萨德、傅立叶、罗耀拉》(Sade, Fourier, Loyola)。本书将这三位幻想的无畏斗士不分上下并置在一起,都是对各自着迷物着迷的分类学家,于是,一切使他们不可比较的实质问题全都得到解决。他的趣味并非是现代主义的(尽管他支持像罗伯-格里耶和菲立普·索勒斯这样的巴黎文学现代主义的化身),但在实践方面,他却是个现代主义者。这就是说,他不负责任,好玩,是个形式主义者——以谈论文学的

---

① 原文为 *doxa*。——译者

形式来创造文学。作品中刺激他的是该作品为之辩护的东西,及其大胆不羁的分类原则。他对有悖常理的东西极感兴趣(他落伍地坚持认为,有悖常理的东西具有解放的作用)。

他写的东西全都妙趣横生——文笔生动、推进迅速、容量大、观点尖锐。他的大多数著作都是论集。(早年论拉辛的一本论战性的书是一个例外①。他为缴付学校费用而撰写的关于时尚广告的符号学著作②篇幅之长、论述之清晰不像他的风格,这本书里包含了几篇一流文章的材料。)他没有写什么可以被称为"少作"的东西,一出手就发出优雅而严厉的声音。过去十年间,节奏加快了,每一到两年,就推出一本新作,思想也更为敏锐了。在他的近作中,随笔这一形式本身开始分裂——打破了随笔作家关于"我"的沉寂。写作呈现出笔记本所特有的自由与风险。在《S/Z》中,他重新发明了以一种顽强的天才的文本评注形式出现的巴尔扎克式中篇小说。《萨德、傅立叶、罗耀拉》里,有让人炫目的博尔赫斯式附录;有那种在文字与图片、文本与其自传作品中若隐若现的指涉之间来回切换所造成的超小说式的令人眼花缭乱的东西;还有他两个月前出版的最后一本讨论摄影的书里对幻觉的赞美。

---

① 即《论拉辛》(一九六三)。——译者
② 即《时尚的系统》。——译者

对摄影这一深刻的记录形式所表现出的魅力，他特别敏感。在他为《罗兰·巴特自选集》(*Roland Barthes by Roland Barthes*) 所选用的照片中，最动人的或许是那张十岁大的巴特，那么大的一个孩子了，还让他年轻的妈妈抱着、紧紧地搂着（他给照片起的标题名为"要爱"）。他与现实有一种爱的关系，对他来讲，与写作的关系也一样。他什么都写；应景之作弄得他应接不暇；他希望被一个什么题材引诱，他也确实经常受到题材的诱惑。（诱惑越来越多地成为他的题材。）如同所有作家那样，他也抱怨自己过度劳累，抱怨迁就过多的要求，以至于文债累累，但事实上，他是我所认识的最严格、最有把握、写作胃口最大的作家之一。他能挤出时间，接受许多采访，在那里侃侃而谈，发表思想方面的高见。

他是个读书很精细但不贪多的读者。他读的什么东西他差不多都要写，因此，人们可以猜想，假使他不写某个题目，那么，他很有可能就没有看过这类东西。像大多数法国知识分子一样，他也不是一个见多识广的人（他敬重的纪德是个例外）。他不通外语，也基本不看外国文学，甚至连译本都不看。惟一一种似乎触动过他的外国文学是德国文学：他早年曾对布莱希特的作品表现出极大的热情；近来，《恋人絮语》(*A Lover's Discourse*) 中含蓄地讲述的烦恼让他爱上了《少年维特之烦恼》和十九世纪德国抒情歌曲。他不会对阅读产生极大的好奇心，以致影响写作。

他喜欢成名成家，这种喜欢伴随着一种天真的、不断更新的快乐：近年来，在法国，人们常看到他上电视，《恋人絮语》则是一本畅销书。然而，他说过，每次翻阅报刊看到自己的名字时，他都感到是多么的不可思议。他的隐私感是通过表现癖表达出来的。写自己，他每每用第三人称，仿佛把自己看成一部虚构作品。后期作品包含了许多挑剔的自我展示，不过，这一展示皆以一种思考的方式出现（任何关于自我的轶事趣闻讲述时无不伴带着一种观点），同时，也包含了关于个人的东西的认真思考；他发表的最后一篇文章讨论记日记的话题。其全部著作都是关于自我描述的极其复杂的工程。

他以虔诚而聪明的方式研究自己，什么都逃不过他的眼睛：食物、色彩、他想象出来的味道；还有他看书的方式。他有一次在巴黎的一场讲座中谈到，勤奋的读者分为两类：一类在书上划重点，另一类不划。他说自己属于后者：他从来不在一本要评论的书上做记号，而是将关键的段落摘抄在卡片上。为这个偏好，他还拼凑出一套理论，具体内容我忘记了，所以，我就自己临时揣摩一下。我猜想，他讨厌在书上划划弄弄，是因为他画画这一事实，而这种他画得很认真的画也是一种写作。吸引他的视觉艺术来自语言，确是写作的一种变体；他写过关于埃尔泰以人的体形构成的字母的文章，也讨论过雷基肖和通布利的书法画。他的爱好让人想起那个现已不用的隐喻——作品的"身体"，人们一般不在自己爱的身体上写东西。

他生性讨厌道德主义，这一点近年来表露得越发明显。一九七四年，经过几十年恪守思想纯正（即左翼）立场，这位美学家走出斗室，和一些好友和文学同道——都是当时信奉毛泽东主义的人——去了中国；在回国后所写的薄薄三页的文章中，他说道德说教没给他留下什么印象，他厌倦了那种中性的中国男女以及文化上的步调一致这种状况。巴特的作品，和王尔德与瓦莱里的作品一道，使成为美学家变成一种美誉。他的许多近作都是对感官的灵敏和感觉的文本的赞美。他捍卫感觉，却从未出卖精神。浪漫主义者老是认为感觉敏锐和精神敏锐是相颉颃的，巴特对此类陈词滥调并不赞同。

这一作品涉及克服的或被否认的悲痛。他下结论说，一切东西均可被作为一种系统———种话语、一组分类的东西——来加以处理，因为一切均为系统，一切便均能被克服。但他最后厌倦了系统。他的思想太敏锐、太雄心勃勃、太喜欢冒险。近年，随着写作进入巅峰时期，他似乎变得更加焦虑，也更为脆弱。正如他自我观察的那样，他始终"相继在（马克思、萨特、布莱希特、符号学、文本）一个大系统的保护下工作。现在，在他看来，他写起来似乎更加直言不讳、更少受什么保护了……"他从那些大师及其卓越的思想中吸收营养,现在他从中摆脱出来("为了发表意见,人们必须从别的文本中寻求支持,"他解释道。),结果却站到了自己的阴影之下,成了自己的大师。一九七七年,他认认真真参加了为期七天的巴特作品专题研讨会——评价自己、适度地插上一两句话,快快乐乐的。他为自己的自我思考的一本书写过书评(《巴特论巴特论巴特》)。他成为其自身羊群的牧羊人。

他承认自己内心有一些隐痛和不安全感——不过字里行间又觉得他正处于一次伟大的冒险的边缘,因此感到些许安慰。一年半前,他在纽约的时候,差不多以一种令人感到震颤的勇气,当众宣布他准备创作一部长篇小说。这将不是一部人们可以期待那位使罗伯-格里耶有一阵儿似乎成为当代文坛中心人物的评论家创作的小说;也不会是其最棒的书——《罗兰·巴特自选集》和《恋人絮语》——本身就是里尔克《马尔特·劳里茨·布里格记事》所开创的传统之下成功的现代主义小说的那类作家写作的长篇小说;里克尔开创的传统融合了小说、随想和自传,以线性记事而非线性叙述形式出现。不,他要写的不是一部现代主义小说,而是一部"真实的"小说,像普鲁斯特那样,巴特如是说。

一九七七年开始,他一直是法兰西学院院长,私下里曾说过,他希望从这一学术岗位上退下来,以便全力投入这部长篇小说的创作；他也谈到，如果辞去教职，他很担心失去生活保障（乍看起来，这是不必要的担心）。两年前，他母亲去世，这对他来说是个沉重的打击。他记得，普鲁斯特只有在母亲去世后才终于能够开始《追寻逝去的时光》的写作。显然，他希望从悲恸中觅得一种力量的源泉。

正如有时候他会以第三人称写自己一样，他谈自己一般也不涉及年龄，他提起自己的未来就仿佛自己是一个（比实际年龄）小得多的人；当然，从某种意义上讲，的确如此。他渴望伟大，但又（正如他在《罗兰·巴特自选集》中所说的那样）感觉自己总是处于"倒退到一种无足轻重的状态，又回到他原来'茕茕孑立'的老路上去"的危险之中。他的气质、他的思想那不知疲倦的微妙让人有点想起亨利·詹姆斯。思想的戏剧化让位于情感的戏剧化；他最感兴趣的是几乎难以形容的东西。他的抱负有着某种詹姆斯式的哀婉的因素，一如他的种种自我怀疑。人们想象，假如他真能创作出一部伟大的长篇小说，那么，这部小说更多地会像后期的詹姆斯，而非普鲁斯特。

谈他的年龄，是一件难事。确切地说，他似乎没有年龄——没有合适的年龄，因为他的年谱就存在差错。尽管他经常和年轻人在一起，但是，他从未对年轻人的任何事情或者对当代年轻人不拘礼节的举动产生过任何影响。不过，他不显老，尽管动作迟缓，衣着庄重。这是一个知道如何休息的身体:正如加西亚·马尔克斯认为的那样,作家必须知道如何休息。他写作极其勤奋,但他也追求享乐。他对自己有规律地得到快乐保持一种强烈的然而也是就事论事的关注。他年轻的时候,生过好几年病(肺结核),他给人的印象是发育比较迟——正如他的思想、他的多产一样。他在国外(摩洛哥、日本)点燃激情;渐渐地,也有点迟缓地,他利用上了像有他这样的性趣味和名人效应的人能够享有的巨大的性特权。他身上有些孩子气,粘人,身体胖胖的,声音柔和,皮肤漂亮,自我陶醉。他喜欢和学生泡咖啡馆,也喜欢有人带他去酒吧和迪厅,但是,撇开性交易不谈,他对你是否感兴趣要看你是否对他感兴趣。("啊,苏珊,一直关注我的老朋友,"我们俩上次见面时,他充满爱意地招呼我。是的,我过去关注他,现在还关注他。)

像博尔赫斯一样,他坚持认为,阅读是一种幸福,一种快乐。在这一点上,有点像小孩。不过,这其中也有不那么天真的一面,即成年人在性事方面闹腾的明显的优势。他在自我指涉方面能力之强未可限量,他在寻找快乐之中找到了感觉。作为快乐的阅读和文本的快乐,两者是一致的。①这也是典型的。他是思想的纵欲者,也是个容易满足的人。他不太喜欢悲剧。他总是在寻找不利因素中的有利因素。尽管

---

① 法语中表示"快乐"的词为jouissance,该词也表示性的巅峰体验的愉悦感。——译者

他讨论过现代文化评论家所探讨的许多永恒的主题,他脑子里想的绝非是大灾难这样的事情。他的著作没有给读者提供末日审判、文明的末日、野蛮的不可避免性这类景观。甚至连哀悼都不是。他的许多趣味都是落伍的,他怀恋一种更古老的资本主义秩序所具有的高雅和文化,但是,他找到了许多让他与现代相调和的东西。

他彬彬有礼,不那么世故,但适应性强——他讨厌暴力。他眼睛漂亮,总是一副忧伤的神色。在所有关于快乐的书里总有些忧伤的东西;《恋人絮语》是一本非常忧伤的书。但是,他体验过狂喜,赞美狂喜。他热爱生活,憎恨死亡;他说过,他那本未写的长篇旨在赞美生活,表达对活着的感谢。在快乐这桩严肃的事情上,在其思想的自由驰骋中,总有一股哀伤的暗流在涌动——现在,他的早逝令人苦恼,叫人伤心。

[一九八〇]

作为激情的思想

> 我无法变得谦虚谨慎,我心里有太多的东西在燃烧;旧的解决问题的办法不再管用,新的方法尚未找到。因此,我开始同时四面出击,仿佛自己还能活上一百年似的。
>
> ——卡内蒂,一九四三年

一九三六年十一月,艾利亚斯·卡内蒂[①]在维也纳举行的赫尔曼·布罗赫[②]五十岁生日庆典上发表演讲,大胆地概括了自己的一些典型主题,该演讲是一个作家对另一位作家所作出的最慷慨的赞辞之一例。这一赞辞创造了接替前辈作家应具备的条件。卡内蒂在布罗赫身上发现了一个伟大的作家必备的品质——布罗赫有独创性;他概括出其所处时代的特征;他反对他的时代——这个时候,他是在描述他自己保证达到的标准;他为布罗赫庆祝五十岁生日的时候(他本人当时三十一岁),认为人应当活到一百岁,五十岁不过是一半而已;这时,他坦言仇恨死亡、渴望长寿,这是其作品的标志。卡内蒂在颂扬布罗赫对知识的永不满足的追求、激发其对精神的某种自由状态的展望时，也道出了他自己同样大的胃口。卡内蒂通过其高尚的敬意，在作为他所处时代的高尚的敌对分子的这幅作家肖像上又增加了一种因素：高尚的赞赏者。

卡内蒂对布罗赫的赞赏透露出他企望达到的道德立场和无畏的纯洁性，以及他向往强大的甚至具有压倒优势的榜样方面的许多信息。一九六五年，卡内蒂写作时，突然唤起他对卡尔·克劳斯感到的一阵阵倾慕之情，这种情感二十年代他还在维也纳做学生时就有了，其目的在于维护一个至少在某一阶段受到另一位作家的权威束缚的严肃作家的价值；评论克劳斯的文章确实关乎赞赏伦理学。他欢迎旗鼓相当的敌手（在他偏爱的作家里，他认为霍布斯和梅斯特就是这样的"敌手"）向他提出挑战；他欢迎让一个达不到的、挫人锐气的标准来使自己更强大。卡夫卡是他向来钦佩的作家，关于他，他说道："读其作品但不为之感到自豪，人则会变好。"

---

① Canetti, Elias（一九〇五——一九九四），小说家、剧作家。一九八一年获诺贝尔文学奖。其祖先是西班牙系犹太人，他用他的第三语言德语写作，他的第一和第二语言是拉地诺语（犹太西班牙语）和英语。——译者
② Broch, Hermann（一八八六——一九五一），奥地利小说家。曾任美国耶鲁大学德国文学教授，著有长篇小说《梦游者》三部曲、《维吉尔之死》等。——译者

卡内蒂极为关注赞赏他人的职责与快乐的关系,他对作家这一行当的感觉极其挑剔,以至于谦卑——和骄傲——使他在一种独特的非个人方式上变得极为自我关注。他一门心思,希望自己成为他可以赞赏的那种人。这是《人之疆域》(*The Human Province*)——卡内蒂在一九四二至一九七二年间的笔记选段——中他最关心的东西;在这三十年间,他基本上在为其杰作《群众与权力》(*Crowds and Power*,一九六〇)做着准备,然后动笔撰写。在这些札记中,卡内蒂总是在以故去的伟人为榜样来激励自己,明确他所做的事情在知识上的必要性,检查他的精神方面的热烈程度,并随着日历的一张张撕下而恐惧得发抖。

伴随着成为一位自信的、慷慨的赞赏者的特征还有:生怕态度不够傲慢、自己不那么雄心勃勃,对仅仅是个人的东西不耐烦(正如卡内蒂所说,个性坚强的标志之一是热爱客观),以及厌恨自怜。在自传《得救的舌头》(*The Tongue Set Free*,一九七七)第一卷,卡内蒂愿意谈论的生活充满了他赞赏的并从他们身上学到东西的那些人。卡内蒂热情地讲述了事情怎样对他有利,而不是跟他过不去;他讲述的是一个解放的故事:一种心灵——一门语言——一个舌头"得救后"去漫游世界。

✓　　✓　　✓

那个世界有一种复杂的精神地理。卡内蒂一九〇五年生于当时居住在保加利亚、分布面很广的一个西班牙系犹太家庭（父亲和祖父母来自土耳其），童年颠沛流离。父母曾在维也纳求学，因此，维也纳成为所有其他地方的精神首都，这些地方包括英国（卡内蒂六岁那年，他们举家移居英国）、洛桑和苏黎世（他在这里上过一阵子学），以及二十年代后期他曾逗留的柏林。他父亲一九一二年在曼彻斯特去世后，母亲就把他和两个弟弟带到维也纳；一九三八年，卡内蒂从维也纳搬走，在巴黎呆了一年，然后搬到伦敦，从此，就一直住在那里。他写道：只有在背井离乡中，人们才能意识到在多么大的程度上"世界始终是背井离乡者的世界"。这是一种独到的见解，因为这使其痛苦着上了某种普遍性的色彩。

几乎是凭借与生俱来的权利，他拥有流放作家那种很容易就概括出的与地方之间的关系：一个地方就是一门语言。掌握很多语言是将许多地方视为自己的疆土的一种途径。家里现成的榜样（他祖父号称通晓十七门语言）、当地混杂的人群（卡内蒂说，在他出生的多瑙河港口城市，每天能听到七八种语言），以及他童年生活的颠沛，这一切均促成他与语言建立起一种迷恋的关系。生活就是去掌握语言——他的语言是拉地诺语、保加利亚语、德语（他父母互相之间讲的语言）、英语、法语——然后，"四海为家"。

德语成为其心灵语言，这确证了卡内蒂居无定所的状态。第二次世界大战期间,纳粹德国空军轰炸伦敦的时候,卡内蒂在笔记本上还在写着感谢歌德给予他灵感的话,足见他对德国文化的忠诚;这使他在英国永远都是一个异邦人——到目前为止,他生命一半多的时间都在英国度过,同时,也使得他有了将英国理解成更高的世界主义的权利和义务,尽管他是犹太人。一九四四年,他写道,他会继续用德语写作,"因为我是犹太人"。这不同于多数受到希特勒迫害的犹太知识分子难民作出的决定。作出这一决定后,卡内蒂决意不让仇恨玷污自己,他是心怀感激之情的德国文化之子,他希望帮助德国文化一如既往地成为为人们所赞赏的文化。他这样希望,也这样行动。

一般认为,在艾丽斯·默多克①早期几部小说中,卡内蒂是那位哲学家的原型人物,如(献给卡内蒂的)《逃离巫师》里的米沙·福克斯,该人物胆大妄为,不费吹灰之力就高高在上,这一直是他的密友解不开的谜。②这幅人物肖像

---

① Murdoch, Iris(一九一九——九九九),英国当代小说家、哲学家,早期作品受萨特影响,著有《大海,大海》、《黑王子》等。——译者
② "他怪在哪儿?"他问道。
"哦,我不知道,"安妮特说,"他那么……嗯……"
"我觉得他不怪,"雷恩伯勒等了一会儿,安妮特还没找到那个形容词,便说,"除了眼睛,米沙身上只有一件事显得异乎寻常,即他的耐心。他手头总有成百个计划,我从未见过哪个人像他这样,甚至为一个琐屑的计划等上几年,让它成熟起来。"雷恩伯勒敌视地看着安妮特。
"他在报上看到什么,是不是真会大呼小叫起来?"安妮特问。
"我看根本不可能!"雷恩伯勒说道。安妮特眼睛瞪得大大的……
《逃离巫师》(第一三四页,维京出版社,一九五六年版)

从外部来刻画，表明在其英国赞赏者眼里，卡内蒂一定显得异乎寻常。艺术家同时也是博学者（或者反过来），其职业是智慧，从本世纪更不宽容的暴政（它们猛拉硬拽出他们无与伦比的学问，他们拿得出手的伟大工程），到说英语的、离欧洲灾难不远的大小贫瘠岛屿的那么多书生气十足的被放逐者，这样的艺术家未形成英语家园里的一种传统。

无论有没有带着流放的惨痛的变调，从内部勾画的肖像已经使标准的流浪知识分子为人们所熟悉。他（因为这一类型当然是男性）是个犹太人，或像犹太人；多元文化的、躁动不安的、嫌忌女人的；是一位收藏家；致力于自我超越；蔑视本能；为书本所压垮，又因为知识所带来的愉悦而兴高采烈。他真正的任务不是去发挥其解释的才能，而是因是时代的见证人而定下最远大、最具**启迪**作用的绝望标准。作为一个退隐的怪人，他是二十世纪想象的生活与创作的最了不起的成就之一，一个真正的英雄，有着殉难者的外表。尽管该人物的肖像已经在欧洲多国文学中出现，德语文学中的一些肖像却具有显著的权威，如《荒原狼》，瓦尔特·本雅明撰写的某些文章；或者一种明显的无望——卡内蒂的惟一长篇《迷惘》[①]（*Auto-da-Fé*），以及最近托马斯·伯恩哈特的长篇小说《更正》和《淑世者》等等。

[①] 德语标题是 *Die Blendung*。——译者

《迷惘》描写了一个沉浸在书本中的天真汉隐士所经历的被侮辱的故事。著名汉学家基恩教授是个平静的单身汉,他舒舒服服地住在顶层公寓,伴其左右的是他收藏的二万五千册图书,这些书涉及多门学科,满足了一个酷爱知识的灵魂。他不清楚生活是如何恐怖,直到有一天与这些书分开,他才知道。平庸和谎言以一个女人的形象出现:在这一知识分子神话中反灵魂的一个永恒的原则,即这位不食人间烟火的隐居学者娶了他的管家,但这个管家是可怕的,其可怕程度如同乔治·格罗兹或奥托·迪克斯绘画作品中的人物一样——于是堕入尘世。

卡内蒂讲,他二十四岁那年构思《迷惘》的时候,计划中拟写八部书,每部小说的主人公均为一位偏执狂者,整个书系名叫《疯子的人间喜剧》(*The Human Comedy of Madmen*)。但最后,只完成了关于"书人"的这部长篇(开头几稿中,基恩教授名叫"书人"),没有创作关于宗教狂、收藏家、技术幻想家那几部。以关于一个疯子——即作为夸张——的一本书的名义,《迷惘》传布关于不通人情世故的、容易上当受骗的知识分子那些为人所熟知的陈词滥调,书中对女性所持有的特别与众不同的仇恨使小说变得灵动起来。不把基恩教授的精神错乱视为其作者最喜欢的种种夸张的变体,这是不可能办到的事情。"个别情况的局限,仿佛这就是一切似的,极其可鄙,"卡内蒂注意到——《人之疆域》充斥着像基恩教授这样的公开表示。保存在这些笔记本里的对女性的居高临下的一通评论，其作者倒可能从制造基恩教授谵妄性的厌女症的细节中获得了享受。人们不禁要作出假设，认为卡内蒂的一些创作习惯体现在该小说对一位漂浮在狂躁和井然有序的"计划之海"，从事着自己迷恋的行当的异乎寻常的学者的描写之中。人们知道卡内蒂并不拥有像基恩教授那么大一个博学且非专业规模的图书馆，确实会感到惊讶。这种图书馆与本雅明以令人难忘的方式描述的藏书风马牛不相及，本雅明所指乃是对作为物质的书籍（珍本、初版本）所表现出的满怀激情。事实上，它是某种着迷的物质化，其理想在于将书本装进脑袋，现实中的书房不过是一个助记系统，如此而已。于是，卡内蒂就让基恩教授坐在书桌前，没有翻阅一页他的书籍，全凭贮存在脑子里的东西，来撰写一篇学术论文。

《迷惘》将基恩教授的疯狂阶段描写成"头脑"与"世界"的三种关系——基恩教授以书为伴、隔离于社会，这是第一种关系，即"没有世界的头脑"；第二是漂浮在堕落的城市，即"没有头脑的世界"；最后一种关系是被"头脑中的世界"逼得自杀。这并非是仅适用于疯狂的书人的语言；卡内蒂后来在笔记本里作自我描述时就使用过它，在这里，他称自己的生活完全只是一种不顾一切的企图，企图思考一切，"以便一切均聚集于一个脑子之中，从而再次成为一体";这就肯定了他在《迷惘》中公开嘲笑的那一种幻想。

卡内蒂在笔记本中如此描述的无畏的热切正是他在年方十六时宣称的,"什么都学"——他在《得救的舌头》中说到,他母亲因此责备他,骂他自私、不负责任。渴求、饥渴、向往——这些与知识和真理是充满激情然而也是获取的关系;卡内蒂回忆说,有一次,他顾虑重重地"甚至编排了处心积虑的借口和解释,就是为了获得书籍"。这一热切越是不成熟,抛却书籍和学问的包袱的幻想就越激进。《迷惘》以书人用自己的书籍来献身而结束,在这些幻想中是最早、最粗糙的。卡内蒂后来的创作表现出对摆脱负担的更渴望也更审慎的幻想。一九五一年,有则笔记是这样的:"他的梦,即知道他所知道的一切,但又不知道这一切。"

✓ ✓ ✓

《迷惘》一九三五年出版,立即赢得布罗赫、托马斯·曼等人的好评,(如果不把他一九三二年创作的一出戏计算在内)这是他的处女作,也是他惟一一部长篇小说;它是对夸张长期的爱好、对畸人的迷恋的产物;在后期作品中,这样的爱好和迷恋变得更加平稳、在启示性方面都小许多。《耳闻录》(*Earwitness*,一九七四)就像是卡内蒂在二十几岁时构思的关于疯子的系列长篇的一种抽象归纳。这本薄书由五十种偏执狂的快速素描构成,由诸如盗尸者、寻欢作乐之辈、嗅探者、说错话的人和悲伤的行政人员这样的"人物"构成；仅有五十个人物，没有情节。这些不雅的名字表明了对文学创作怀有的一种极大程度上的自我意识——因为卡内蒂是一位从道德家的立场上对艺术创造的可能性本身不断提出质疑的作家。"如果你认识很多人，"多年前他就作过这样的观察，"那么，你还要去创造更多的人，似乎就迹近亵渎了。"

《迷惘》出版后一年，卡内蒂为表示对布罗赫的敬意，便引用了后者严厉的表白："知识一旦不耐烦，便产生文学。"但是，布罗赫在耐心方面极富天赋，足以创作出伟大的、显示出耐心的长篇小说《维吉尔之死》和《梦游者》，并贯穿在一种巨大的思考力之中。能拿小说怎么办？卡内蒂对此忧心忡忡。这表明了他自己不耐烦的品质。对卡内蒂来讲，思考即坚持；他总是给自己提供种种选择、陈述、再陈述自己有做他所做之事的权利。他作出选择，开始做他所谓的"毕生从事的工作"，消失了二十五年，以便构思那部作品，一九三八年离开维也纳之后，什么东西都未发表（除开第二个剧本），一直到一九六〇年这一年，《群众与权力》面世。"一切，"他说，都进了这本书。

卡内蒂对耐心所怀有的理想、他对畸人无可压制的感觉合二为一，体现在他的摩洛哥之行的印象记《马拉喀什之声》（*The Voices of Marrakesh*，一九六七）之中。该书对勉强维持的生存的描写将畸形呈现为英雄主义的一种形式：一头可怜兮兮、瘦骨嶙峋的毛驴的巨大勃起；最凄惨的乞丐、乞讨的盲童，还有想象起来都让人觉得骇人听闻的、发出单一（咿咿咿）之音的褐色捆包，每天都有人拿到马拉喀什的一个广场，去领取施舍。对这一声音，卡内蒂致以动人的、颇具其典型风格的敬礼："对捆包，我引以为豪，因为它是活的。"

谦卑是这个时期另一部作品，即写于一九六九年的《卡夫卡另一次审判》的主题；该作品将卡夫卡的生活处理为一种范例式的小说，并对其作出评论。在陈述中，卡内蒂认为，卡夫卡和费莉丝·鲍尔订婚（卡夫卡写给费莉丝的信札刚刚出版）是个长期的灾难，是关于一个选择失败、"从以任何形式出现的权力中退出的"人的秘密胜利的说教性寓言。他钦羡地注意到，卡夫卡常常同情弱小动物，他在卡夫卡身上找到了自己对权力的放弃的感觉。事实上，他在证明在道德上有必要站在被羞辱的、无权的人一边时很有力量，在这一点上，他似乎更接近于另一位研究权力的杰出专家西蒙娜·韦伊，[①] 尽管他从未提及过。不过，卡内蒂对弱势群体的同情不关涉历史；对卡内蒂来讲，无权的象征并非是受压迫者而是动物。卡内蒂不是基督徒，他并不想干预，或者表现出积极的党派性。他也不持一种听之任之的态度。卡内

[①] Weil, Simone（一九〇九——一九四三），法国社会哲学家。桑塔格有专文论及，见《反对阐释》中的《西蒙娜·韦伊》。——译者

蒂由于不能做到淡漠和餍足，他便呈上一种心灵的模板，它永远在作出反应、永远记录种种震惊并努力战胜它们。

他以笔记本形式所作的格言式写作是一种快速知识，这与《群众与权力》中慢慢提炼的知识相反。"我的任务，"一九四九年，开始动笔撰写该书一年后，他说道，"是希望展示一下自私有多么的复杂。"对于这样一部鸿篇巨制来讲，任务相当重。他的快速与其大胆作出较量。一个有点勤勤恳恳、过分自信、计划写出一本书来"扼住二十世纪的咽喉"的作家干扰一个更嬉戏、更粗莽、更感到迷惑不解，也更轻蔑别人的风格简明的作家，同时也受到后者的干扰。

对一个永远都是学生的人来说，笔记本是从事写作职业的完美形式；这样的学生没有科目，或确切地讲，他的科目是"一切"。笔记本里能记下的条目可以是任何长度、任何形状、任何程度的不耐烦和粗略，但最理想的条目则是格言。卡内蒂记下的大多数条目涉及格言作家的传统主题：社会的种种虚伪、人类愿望的虚荣、爱的虚假、死亡的讽刺、孤独的快乐与必要、人的思维过程的错综复杂。长期以来，伟大的格言作家大都是悲观主义者，他们宣扬蔑视人类的愚蠢。（卡内蒂写道："伟大的格言作家讲起来就好像他们彼此间全都是老熟人似的。"）格言式思考是非正式的、不合群的、敌对的、自私并因此而感到自豪的。"人们需要朋友，主要是希望变得更加粗鲁——即更自我。"卡内蒂这样写道；这里能听出格言作家的正宗调子。笔记本重视人们为了对付世界而建构的观念上无礼的、有效的自我。通过理念与观察之间的分离、通过其表达的简洁、通过起帮助作用的说明的缺席，笔记本将思考处理成某种轻松的事情。

尽管卡内蒂表现出格言作家的许多性情，但是，他决非一个知识分子公子哥儿。（比如说，他与戈特弗里德·贝恩就正好相反。）的确，卡内蒂的感受力的大局限就在于缺乏哪怕是一丁点儿的美学痕迹。卡内蒂不爱这样的艺术。他有他的大作家的名册，但是，在其作品里，没有画家、剧作家、电影人、舞蹈家或其他为人们所熟悉的人类文化人物。卡内蒂站得似乎远远高于有关"文化"或"艺术"的生硬观念。他不会为爱任何头脑制造出的东西而爱它们。因此，他的写作几乎没有反讽。为美学感受力所触动的人当中，没有人能认真地注意到"蒙田经常烦我的地方在于他的引文过于繁复"。仅就美学家眼里最有说服力的现代选择——超现实主义——而言，以卡内蒂的性情就无法作出回应。另一方面，在左翼的诱惑面前，他却似乎也未为之所动。

他作为一个投入的启蒙者，将其斗争的对象描述成启蒙主义运动留下的一个完整的信念，即"权力宗教这个最为荒唐的信念"。卡内蒂这里表现出的一面，让人联想起卡尔·克劳斯；对后者来说，道德职业即永远的抗争。但是，就抨击时弊这一点来讲，没有哪个作家比卡内蒂弱。抗议权势、权势本身、反对死亡（他是最憎恨死亡的文学中人之一）——这些均是大目标，是不可战胜的敌人。卡内蒂将卡夫卡的著作描述为对权势的一种"驳斥"，这也是卡内蒂写作《群众与权力》的宗旨所在。然而，他的全部著作，宗旨均在于对死亡的辩驳。在卡内蒂看来，辩驳似乎是一种非常的坚持。卡内蒂坚持认为，死亡是真正不可接受的；无法消受的，因为它是生命之外的东西；死亡也不公正，因为它限制雄心、污辱雄心。他拒绝如黑格尔所表明的那样将死亡理解为生命以内的东西——理解为对死亡、有限、必死性的一种意识。在死亡这件事情上，卡内蒂是个顽固的人，是受惊的唯物主义者，是不屈不挠的堂吉诃德式人物。"我迄今为止尚未做成什么事情来对付死亡，"他在一九六〇年写道。

✓　　✓　　✓

在《得救的舌头》里，卡内蒂急切地去公正对待每位他钦佩的人，这是让某人活着的一种途径。所谓"活着"，卡内蒂也是指其字面意思，这是其典型的作风。卡内蒂通常都不愿与灭绝和解。举一个这方面的例子，他回忆起当年寄宿学校的一个老师，最后说："假使他今天还活在人世，应该九十岁或一百岁了，我希望让他知道，我向他鞠躬。"

这是其自传的第一卷，主要讲述一个关于由衷的钦佩的故事，即他对母亲的钦佩之情。这是一幅伟大的教师-父/母辈的肖像画，他母亲当时热中于欧洲高雅文化，正在自信地工作，当时的年代尚未将这样一位家长变成自私的暴君，尚未将这么一个孩子变成"超级优等生"（借用一下用以表达当代人对早熟和追求知识的蔑视的无知标签）。

"母亲她最高的敬重对象是伟大的作家，"她是首要的赞赏者，是其许多赞赏的、充满激情的、毫不宽容的倡导者。卡内蒂所接受的教育包括沉浸于书本及其在谈话中扩大这些书本知识。有晚间的朗读，有关于他们阅读的一切、关于他们同意要尊重的作家的暴风骤雨般的会话交流。许多发现都是分别作出的，但是，他们必须一起来赞赏，有时，在面红耳赤的争辩中会杀开一条歧路来，直到其中一人屈服为止。他母亲赞赏的方针创造出一个紧张的世界，由忠实和背叛来界定。每个新的赞赏均可以是对一个人生命的拷问。卡内蒂曾经写到，他母亲听了《马太受难曲》后有一段时间精神涣散、兴奋不已，最后失声痛哭，因为她担心巴赫已经使她只想聆听音乐，"再也不想看书了"。卡内蒂当时十三岁，他安慰她，让她放心她仍旧会想看书的。

"怀着惊奇和赞赏"，卡内蒂目睹母亲性格上的反复无常和恼人的矛盾，尽管如此，他没有低估她的残暴。不吉利得很，有很长一段时间，她最喜欢的现代作家是斯特林堡；换个年代，很可能是 D. H. 劳伦斯。她对"性格培养"的强调经常让她这位最尖刻的读者痛斥这个勤奋的儿子追求"死知识"，逃避"艰难的"现实，让书本和谈话使他变得"缺乏男子气概"。（卡内蒂说，她看不起妇女。）卡内蒂讲到自己有时觉得他是如何被她毁了，然后又如何将这一毁灭转化成一种解放。在承认自己身上有着他母亲充满激情的投入的能力时，他选择反叛她的狂热、她的热切表现出的过分排他性。耐心（"巨大的耐心"）、坚定和关注的普遍性成为他的目标。他母亲的世界里没有动物——只有伟人；卡内蒂两者都要。她仅关注文学，而仇恨科学；一九二四年起，他将在维也纳大学学习化学，一九二九年获博士学位。她嘲笑他对原始民族的兴趣；卡内蒂准备写《群众与权力》的时候坦承："我生活的一个严肃认真的目标就是逐渐了解所有民族的所有神话。"

卡内蒂不希望做受害者。在为母亲所作的肖像画中，他表现出许多骑士品质。它也反映出某种像必胜主义政策的东西——坚决拒绝悲剧，拒绝不可改正的受苦受难，这似乎与其对有限、死亡的拒绝有关，卡内蒂的许多能量均从中而来：他在赞赏和热情方面挡不住的能力，以及他对抱怨所怀有的文明的蔑视。

卡内蒂的母亲感情内敛——哪怕是最轻的触摸都是个事件。但是，她说起话来——争论、虚张声势、沉思、叙述她的生活的故事——却毫无节制、滔滔不绝。语言是他们的激情的传媒：词语，然后是更多的词语。依靠语言，他迈出了脱离母亲的"独立的第一步"；十四岁那年，他离家就读于一所寄宿学校，去学瑞士德语①（她恨"粗野的"方言土语）；也是依靠语言，他保持了与她的联系：用拉丁文写了一部五幕诗体悲剧（为了她，他在行间配了德语翻译，长达一百二十一页），他将诗剧献给她，并给她寄去，但要求她作一详细评论。

卡内蒂似乎急于列举出他从母亲的言传身教中学到的诸多技巧——包括那些他培养起来用于反对她的技巧，将这些统统慷慨地算作她馈赠的礼物：执着、思想独立、思维敏捷。他还推测，小时候他说的拉地诺语所具有的灵活曾帮助他作出敏锐的思考。（对于早熟者而言，思考即一种速度。）对一个心智早熟的孩子来讲学习所意味着的超乎寻常的过程，卡内蒂作过复杂细致的描述——比穆勒的《自传》或萨特的《词语》中所作的描写更充分，也更具教育意义。因为卡内蒂作为一个赞赏者的能力反映出作为一个学习者不倦的技巧；没有后者，前者不可能深入。作为一个非同寻常的学习者，卡内蒂对教师、对甚至（或尤其是在）他们不经意之间做得好的事情上表现出一种不可遏止的忠诚。他现在要向其"鞠躬"的他当年求学的寄宿学校的教师赢得他的尊重，是因为在一次全班同学参观屠宰场时这位老师非常残忍。卡内蒂在老师的强迫下，面对一种特别令人感到毛骨悚然的场

---

① Swiss German，瑞士用的德语方言。——译者

面,他就此明白,谋杀动物是"别指望我能忘记"的事情了。他母亲即使残忍的时候,也总是用话语来满足他那极为明显的警觉。卡内蒂自豪地说:"我发觉沉默的知识是危险的。"

✓　　✓　　✓

卡内蒂声称要成为"听者"而非"看者"。在《迷惘》中,基恩练习成为瞎子,因为他发现,"瞎是对付时空的一种武器;我们的生存就是一种巨大的瞎。"特别在其《群众与权力》以后的著作——如标题含有说教意味的《马拉喀什之声》、《耳闻录》、《得救的舌头》等作品中,卡内蒂强调道德家的器官——耳朵,而贬低眼睛(继续大讲特讲瞎的主题的变化)。无论何时,只要什么重要的事情出问题了,如果仅以耳、嘴(或舌头)和喉咙隐喻形式出现,那么,听、说和呼吸就受到推崇。卡内蒂说到"卡夫卡作品声音最响亮的(loudest)段落谈及与动物有关的这一内疚"的时候,该形容词本身即是一种坚持的形式。

听到的是种种声音——耳朵是其见证人。(卡内蒂不谈论音乐,也不讨论任何非语言的艺术。)耳是注意的感官,比眼睛谦卑、被动、直接,不像眼睛那样明察秋毫。卡内蒂否认眼睛,这是他远离美学家感受力的一个方面,而该感受力通常对视觉,即表面的快乐和智慧予以肯定。给耳朵以无上的权利是卡内蒂后期著作中突出的、有意要仿古的主题。他这是在间接地重申希伯来文化与希腊文化、耳文化与眼文化、道德与美学之间自古以来就存在的鸿沟。

卡内蒂将认知等同于听，将听等同于听到一切并仍能作出反应。他在马拉喀什逗留期间获得的种种异国印象，通过对他试图唤起的其内心"声音"的专注性而获得统一。专注性是该书的正式题材。面对贫穷、苦难和畸形，卡内蒂努力倾听，即真正地关注"处于生存边缘"的话语、呼号和不善辞令的人发出的声响。他研究克劳斯的文章刻画了一个他认为既是理想听者又是一种理想声音的人物。卡内蒂说，克劳斯受到声音的搅扰，驱之不去；他的耳朵永远竖在那儿，"真正的卡尔·克劳斯是个言说者"。将作家描写成一个声音已经成为一种陈词滥调，以至于卡内蒂所谓的力量——以及典型的如实性——有被忽略的可能。对卡内蒂来说，声音代表无可辩驳的存在。将某人处理成一种声音，意味着赋予其权威；断言一个人听见，意指他听见必须听见的东西。

✓　　✓　　✓

像博尔赫斯故事里将真实的与想象的博学结合在一起的学者那样，卡内蒂也雅好知识，喜欢奇怪的分类和语调的大胆转换等稀奇古怪的妙合。这样，《群众与权力》提供了来自生理学和动物学的类比，以解释领导与服从；当该书将群众的概念加以延伸，将集体单元也包括进来的时候，也许是最有新意的地方；这里所谓的集体单元，并非由人类组成，它们"让人想起"群众，让人"感觉是一种人群"，并"在神话、梦、演讲和歌声中为之代表一种象征"。（在这样的单元里——在卡内蒂聪明的目录中——是火、雨、手指、蜂群、牙齿、森林、患有震颤性谵妄的蛇。）《群众与权力》许多部分依赖于事物，或部分事物那潜在的或不经意的科幻小说意象，这些事物或部分事物变成可怕的自主，也依赖于不可预见的运动、节奏、容量的意象。卡内蒂将时间（历史）转换成空间，一种生物形态实体——大野兽①、人群的各种形式——奇特地排列在其中自娱自乐。群众移动、散发气味、成长、扩大、收缩。其选择成双成对地来；卡内蒂说群众是快速的，又是缓慢的；有节奏的，又是死气沉沉的；是封闭的，又是开放的。一伙人（群众的另一名称）哀悼，劫掠，它是安静的，是外在的，或者内在的。

作为关于权威的心理学与结构的一种描述，《群众与权力》回到了十九世纪关于人群和群众的话题上，以便阐明其政治噩梦的诗学。对法国大革命，而后又对巴黎公社的谴责，这是十九世纪讨论群众的书籍（它们当时平常得很，亦如它们今天不时髦一样）的要旨；这些书籍从查尔斯·麦凯的《异乎寻常的民众妄想与群众的疯狂》（一八四一）到勒庞的《乌合之众》（一八九五）这本弗洛伊德推崇的书，再

---

① 喻指靠本能生活、不思考的群氓。——译者

到《革命心理学》（一九一二）。但是，早先的作家满足于陈述人群的病理学并就此进行训诫，而卡内蒂则希冀以其生物形态范例来解释——详尽地解释——比如人群的破坏性（他说："破坏性常常是作为其最明显的特征而被提及的。"）。勒庞是提出理由来反对革命、维护现状（他视现状为不太压迫的专政）；与勒庞不同，卡内蒂提供了诉讼要点，来反对权力本身。

通过考虑群众来理解权势（这不利于像"阶级"或"国家"这样的观念），便完全是要坚持一种非历史理解。黑格尔和马克思未被提及，不是因为卡内蒂自信到不屑提及通常会提及的名字，而是因为卡内蒂的论点明显是反黑格尔、反马克思主义的。卡内蒂的非历史的方法和保守的政治脾性使他与弗洛伊德非常相似——尽管他根本不是什么弗洛伊德主义者。卡内蒂是弗洛伊德如果不是心理学家的话可能成为的人：运用许多对于弗洛伊德来讲是重要的来源——精神病患者施雷贝尔法官的自传、人类学材料和古代宗教史、勒庞的群众理论，他得出关于集体心理学和自我的形成的迥然不同的结论。像弗洛伊德一样，卡内蒂倾向于在宗教里找到群众（即非理性）行为的原型，《群众与权力》许多章节不啻是一个非理性主义者的宗教话语。例如，卡内蒂所谓的悲伤的一伙人正是悲伤的宗教的另一名称，对此，他作了非凡的分析，将天主教虔诚和仪式的缓慢节奏（表达出宗教对坦率的群众所怀有的永恒的恐怖）与伊斯兰教什叶派中疯狂的悲悼相对照。

与弗洛伊德一样，卡内蒂也将政治消解在病理学中，将社会处理为一种必须解码的精神活动——当然是一种野蛮活动。于是，他没有停步，便从群众这一观念移到"群众象征"，并分析社会分组和社区形成，认为它们是群众象征的交易。当卡内蒂将法国大革命放置在其位置上，发现大革命作为破坏力的爆发没有作为法国人的一种"全国的群众象征"那么有趣的时候，便已经达到群众论点的某些最后转变。

对于黑格尔及其后继者来讲，历史的（反讽之家）与自然的是两大根本不同的过程。在《群众与权力》中，历史是"自然的"。卡内蒂争辩着走向历史，而非从历史的立场上争辩。首先做的是对群众的描述，接下来是作为说明的部分——所谓"群众在历史中"部分。历史只是用来提供例证——这是一种快速运用。卡内蒂对于（黑格尔式意义上的）没有历史的民族的证据是有偏向的，他认为人类学轶事与发生在一个发达的历史社会里的某个事件有着同样的说明价值。

《群众与权力》是一本怪书——它所追求的"普遍性"使其真的很怪异，这导致卡内蒂避免明显地提及希特勒。希特勒只是间接地出现在卡内蒂赋予施雷贝尔法官案子的中心的重要性上。(此处是卡内蒂惟一一次提及弗洛伊德的地方——是在一个不起眼的脚注里;卡内蒂在此谈到,假使弗洛伊德活的时间稍长一些,他也许会以一种更具相关性的方式来看待施雷贝尔的偏执狂妄想的:作为一种政治的,特别是纳粹的心态的原型。)但是,卡内蒂真的不是一个欧洲中心主义者——这是他作为一个思想者的最大成就之一。卡内蒂熟悉欧洲思想,又了解中国思想;他知晓基督教,也熟悉佛教和伊斯兰教,他显然没有那样的简化思维习惯。他似乎无法简化地运用心理学知识;敬重布罗赫的这位作家不可能视一切如个人动机般普通。他反对那种更貌似可信的向历史的简化。"我愿意付出许多,来克服我从历史的角度看待世界的习惯,"他在动笔写《群众与权力》两年后,即一九五〇年这样写道。

他反对历史地看问题,目标不仅是反对最貌似可信的简化,而且是对死亡的抗议。思考历史即意味着思考死者,并不断得到提醒:人总是要死的。卡内蒂的思想是不折不扣的保守主义思想。它——也是他——不想死。

✓ ✓ ✓

"我首先希望感觉到内心的一切,然后再去对它们进行思考。"一九四三年,卡内蒂写道。为此,他说,他需要长寿。过早去世就意味着未能充实自己,因此未能尽材尽器,运用自己的头脑。卡内蒂几乎好像不得不让他的意识永远处于一种劲头十足的状态之中，永远不与死亡妥协。"脑子里什么都丢不了，这太棒了！"他也在笔记本里这样说，当时肯定是常常心情愉快，"仅此不就是长寿或长生不老的充足理由吗？"需要感觉内心的一切、将一切都统一在一个头脑中，这些不断出现的意象说明卡内蒂希望通过神奇的思考和道德喧哗来"驳斥"死亡的一个个企望。

卡内蒂主动与死亡讨价还价。"一个世纪？微不足道的一百年！对于想干一番事业的人来讲，这是否太过短暂了！"为什么是一百年？为什么不是三百年？——就像卡雷尔·恰佩克①的《麦克罗普洛斯事件》（一九二二）中的三百三十七岁的女主人公那样。该剧中，一个角色（一名社会主义"积极分子"）描述了正常人的寿命的种种弊端。

> 人一辈子六十岁能干什么？能享受到什么？又能学到什么？你种了果树，都活不到品尝果子的那一天；前人发现的事情你会永远学不完；你工作做不完，也无法为你身后的人树立什么榜样；你没怎么活就死了。而要是活到三百岁，那就不同了。你可以有五十年的儿童时

---

① Capek, Karel（一八九〇——一九三五），捷克小说家、剧作家，捷克表现主义戏剧的先驱。二十世纪三十年代投入反法西斯斗争，主要作品有科学幻想戏剧《罗索姆万能机器人》（一九二〇），剧中的机器人"Robot"业已成为国际通用名词。——译者

代和学生时代；五十年逐渐了解世界，看看世界上存在的一切；你有一百年的时间来为大家谋福利；然后，获得了人类所有的体验，还有一百年用来生活在智慧里，用来管理、教导、树立榜样。哦！人要是能活到三百岁，那么，人生该多有价值啊！

他的话听上去像卡内蒂说的——除了一点，即卡内蒂渴望长寿，其理由并非是要利用长寿来干出一番事业。精神价值如此之大，其本身就可以用来反对死亡。对卡内蒂来说，精神是如此真实，因此，他敢于挑战死亡；身体是如此的不真实，因此，他根本不认为极其长寿是什么令人沮丧的事情。卡内蒂太愿意成为一个世纪老人了；他在狂想的时候，并没有索要浮士德要的东西——返老还童，也没有要求得到伊米莉亚·麦克罗普洛斯的炼金术士父亲给予她的东西，即神奇的长生不老术。青春在卡内蒂对永恒的幻想中没有位置。卡内蒂企求的是纯粹的长寿，精神的长寿。简单地说，在长寿这一点上，性格有着同于精神的利害关系：卡内蒂认为"人生短暂使我们变坏"。而伊米莉亚·麦克罗普洛斯则指出，长寿使我们变得更糟：

> 你不可能持续爱上三百年。而且，你无法持续希望、创造、凝视什么三百年。你受不了。一切都变得令

人厌倦。做好人让人厌倦，当坏蛋也让人腻味。……然后，你意识到没有什么真正存在。……你太接近于一切。你能看到一切东西的某些意义。对你来讲，一切都有些价值，因为你的有生之年就那么长，无法满足你的享受欲望。……想到你多幸福就令人感到厌恶。完全是因为你就快死了这一荒唐的巧合。你对一切都有兴趣，像猴子一样。……

但是，这一貌似令人信服的命运正是卡内蒂所不能苟同的。食欲不振、欲望满足、激情贬值，其可能性他根本不在乎。卡内蒂不去思考情感的败坏，就同他不考虑身体的腐败一样，他执着于精神。像他这样始终顺应精神活动，又是这样态度明朗的人，实属罕见。

✓　　✓　　✓

卡内蒂是这样一个人，即他深刻地感觉到词语的责任，其大部分著作均努力与读者交流某种他已学到的如何关注世界的东西。这里没有教条，但有大量的讥讽、急迫、悲伤，以及愉悦。思想的激情传达的信息就是激情。"我试图想象某人对莎士比亚说'悠着点儿！'"卡内蒂说。他的著作为紧张、努力、道德的和非道德的严肃性作出有力的辩护。

然而，卡内蒂并非只是又一个意志的英雄。所以，他才会在布罗赫身上发现一个伟大的作家出乎意料的最后的品质。他说,这样一位作家教会我们如何呼吸。卡内蒂推崇布罗赫的作品,因为它们"富于呼吸的体验"。这是卡内蒂所给予的最深最怪的赞辞,因此也是他给予歌德的(他的赞许中最能让人料想到的):卡内蒂也读出歌德在说"呼吸吧"。呼吸在被理解为从其他需要(如建功立业、追求知识)中解放出来的时候,也许是一种最激进的职业。卡内蒂在这一赞许进程的最后,即向布罗赫表示敬意时所讲的,表明了有什么最可赞许的东西。这位认真的赞许者所取得的最后的成绩就是立即停止让被赞许的人或物激发起的能量马上发挥作用、填满被赞许的人或物打开的空间。借此,有才华的赞许者允许自己呼吸、更深地呼吸。但是,为了实现这个目标,有必要超越急切,认同超越成就、超越集结权力的东西。

[一九八〇]

译后记

《在土星的标志下》译完了,即将付梓出版。此刻的我,心情是复杂的。作为译者,我的确有一种如释重负的感觉,然而,想到开始翻译此书的时候,我人还在费城,译完的时候,我早已回到南京;想到二〇〇三年我译完《恩主》,将整理好的问题一次次发给桑塔格,然后,她如约亲自回答我的一个个问题;想到她忙里抽空,为我撰写中译本序,而现在,倏忽间,她已永远地离开了我们,再也无法为我解惑答疑,更别提写序的事儿了,思之,心中不禁一片怅然。

译完桑塔格的《恩主》,我有机会去美国宾夕法尼亚大学做高访。宾大离桑塔格在纽约的寓所仅两小时的路程,而且交通十分便利。在我访问她的时候,她希望我多翻译她的作品。不久,她就通过版权代理人请上海译文出版社约我参与《苏珊·桑塔格文集》的翻译。我清楚地记得那是我抵达美国后第一个月的事情。翻译《恩主》让我有了切身的体会,知道翻译桑塔格可是一件极具挑战性的工作,一年半载怕是"啃"不动她；况且，我在美国要做的课题是赛珍珠研究，日程排得满满当当的。我计划访问赛珍珠国际（Pearl S. Buck International）、赛珍珠母校和她的出生地，还要与美国的赛珍珠专家交流切磋，但是，想到桑塔格对我的信任，想到批评文集在其著作生涯中的地位，更想到她就在我的身边，遇到困难，可以随时向她本人当面请教，我便愉快地接受邀请。于是，我在收集资料、从事赛珍珠研究的同时，着手阅读桑塔格的几种批评文集，尤其是《在土星的标志下》，并于二〇〇四年四月中旬正式动笔翻译这部我非常喜欢的集子。

拙译依据的是二〇〇二年十一月新版的美国版《在土星的标志下》（*Under the Sign of Saturn*, New York: Picador, USA）。文集最早的美国版由她儿子戴维·里夫编辑，出版于一九八〇年，收录了桑塔格于一九七二年至一九八〇年间发表的最重要的批评文字，凡七篇。这些文章曾先后发表于著名的《纽约书评》和《纽约客》杂志，结成集子时，桑塔格在文末均注明了最初发表的时间，敬请读者留意。

我曾说过，桑塔格是一位横跨欧美亚大陆、驰骋文史哲天地的作家，面对这样一位作家，要她易懂易译，是不可想象的。《在土星的标志下》也不例外。坦率地说，在翻译过程中，我碰到了不少疑难问题，就连书名的翻译也颇费思量。在中文世界里，这本文集有多种译名，如《在土星下》、《在土星象下》、《在土星星象下》、《在土星的光环下》、《在土星的符号下》、《在土星的标志下》，以及《命随土星》。第一种译名略去了原标题中的"sign"一词，似有回避之嫌；而汉语中的"星象"，指星体的明暗、位置等现象，古代迷信的人往往借观察星象，推测人事的吉凶；而"土星的光环"在英文中的相应表达应当是"the rings of Saturn"，而非"the sign of Saturn"。《命随土星》比较"归化"，但似乎比较强调作家本人的命运，多属于作家的层面，而不甚涉及作品。其实，桑塔格在这本集子中，主要是集中讨论一些思想家和艺术家特有的土星气质——沉郁愁闷——对其作品的决定性作用，沉郁愁闷即是具有土星气质的思想家和艺术家的标志，因此，拙译定名为《在土星的标志下》。

尽管在翻译过程中遇到困难，但我非常幸运，因为桑塔格是我整个翻译工作的精神支柱。当然，十分遗憾的是，我在美国期间仅仅完成文集的大部分文字的迻译，等到我译出全部初稿，已是二〇〇四年年底。而桑塔格五月份就又一次病倒，住在西雅图的医院里化疗，年底前转回纽约，十二月二十八日因急性骨髓性白血病并发症在斯隆-凯特林癌症中心去世。我原来希望待全书译完，整理出问题向她请教，并再次邀请她为我撰写中文版序，现在，这成了我永远的遗憾！斯人已去，所幸文字长留人间。我手头收集的材料，包括访谈录、研究专著等等，都成了我置于案头、随时翻阅查考的资料，对我的翻译和研究起到了极大的帮助作用。

感谢宾夕法尼亚大学图书馆。它丰富的藏书和一流的服务为我的翻译提供了优越的条件。我在那里研读了桑塔格在书中提及的书籍和画册，如《最后的努巴人》、《党卫军制服》，以及桑塔格本人编辑的多卷本《安托南·阿尔托文集》等等。

感谢上海译文出版社李丹先生热情邀请我翻译这部文集，并寄赠《苏珊·桑塔格文集》首出的三种书目，让我参考；感谢文集诸位译者，他们有的是我的友人，有的迄今未曾谋面，但是，他们的译文风格，以及对术语的处理，对我都颇有启发；感谢上海译文出版社冯涛先生为拙译的出版所做出的努力和付出的心血；感谢美国诗人、学者詹妮特·罗伯茨（Janet Roberts）女士耐心细致地回答了我在翻译过程中碰到的所有问题；感谢桑塔格的最后一任秘书安妮·江普小姐（Anne Jump）为我寄来有关资料，并不断向我转告桑塔格当时的情况。

拙译经过数次校对、多方查核，才最后定稿。尽管如此，由于译者才疏学浅，难免出错，诚望广大读者和专家学者不吝指正。

译者

二〇〇五年二月二十二日

于南京月光寓所

修订附记

二〇〇六年,上海译文出版社有意重出"苏珊·桑塔格全集",冯涛先生问我译的几种是否需要修订。听到这个好消息,作为译者,我真是太高兴了,因为有机会做一次修改和完善译文等,一直是我的一个心愿。

这次修订,我主要做的是对照原文,通读拙译,改正其中存在的一些错误,统一译名,删除不必要的注释;当然,修订的过程中,做得最多的工作还是完善译文。

此外,*Under the Sign of Saturn* 原译为《在土星的标志下》。此次修订前,冯涛和我讨论,他说,桑塔格此处用的本是一种星相学的说法,故此,书名该译为"土星照命"方贴切,意思是某婴儿出生的时候,天空中正好是某星照临,即所谓的某某人是"土星命"还是"水星命"。我二〇〇五年虽然在"译后记"里对译名做了些探讨,说到过自己的斟酌,其实心里始终比较纠结,感觉《在土星的标志下》这个译名不够理想,语意有些含糊,表述也较欧化。这次经过商量,决定改用"土星照命"的译名,既准确,又符合中文的表达习惯。为此,向冯涛表示感谢。

译者

二〇一六年十月八日

于南京仙林

Susan Sontag
Under the Sign of Saturn
Copyright © 1972, 1973, 1975, 1976, 1978, 1980, Susan Sontag
Chinese Simplified Characters Copyright © 2020 by
Shanghai Translation Publishing House
ALL RIGHTS RESERVED

图字:09-2004-667号

图书在版编目(CIP)数据

土星照命/(美)苏珊·桑塔格(Susan Sontag)著;
姚君伟译. —上海:上海译文出版社,2020.6(2025.2重印)
(译文经典)
书名原文:Under the Sign of Saturn
ISBN 978-7-5327-8423-3

Ⅰ.①土… Ⅱ.①苏…②姚… Ⅲ.①思想家-思想
评论-世界-文集 Ⅳ.①B1-53
中国版本图书馆CIP数据核字(2020)第075688号

土星照命
[美]苏珊·桑塔格 著 姚君伟 译
责任编辑/管舒宁 装帧设计/张志全工作室

上海译文出版社有限公司出版、发行
网址:www.yiwen.com.cn
201101 上海市闵行区号景路159弄B座
苏州工业园区美柯乐制版印务有限责任公司印刷

开本 787×1092 1/32 印张 8 插页 5 字数 128,000
2020年6月第1版 2025年2月第3次印刷
印数:7,001—8,500册

ISBN 978-7-5327-8423-3
定价:58.00元

本书中文简体字专有出版权归本社独家所有,非经本社同意不得转载、摘编或复制
如有质量问题,请与承印厂联系调换。T:0512-67606001